Dr. Susan Forward

MOTHERS WHO CAN'T LOVE
A HEALING GUIDE FOR DAUGHTERS

スーザン・フォワード

羽田詩津子 訳

毒親の棄て方

娘のための自信回復マニュアル

新潮社

毒親の棄て方

娘のための自信回復マニュアル

◆目次

装幀　新潮社装幀室

毒親の棄て方

娘のための自信回復マニュアル

わたしの宝物である娘、ウェンディへ

まえがき

「ウィスコンシンへ出張したときのことです。一日じゅう屋内に閉じこめられていたので、新鮮な空気が吸いたくなりました。外はかなり寒かったんですけど、太陽が出ていたので昼休みにちょっと散歩することにしました。いちばん日当たりのよさそうな場所を探して。でも馬鹿な思いつきでした。たしかに見つけたところは太陽が当たっていて、まぶしく見えましたけど、まるっきり温もりを感じられなかったんです。そのとたん、悲しみがどっとこみあげてきて――太陽はまるで母みたいでした」

ヘザーは小柄な三十四歳、大手製薬会社で営業担当をしている。彼女は話しながら涙ぐんだ。もうすぐ最初の子どもが生まれる予定で、自分が実母と同じような母親になるのではないかと恐れていた。

「実は、長いこと、自分が母親になるなんて考えることすらできませんでした。つらい恋をいくつか経験したあとで、ジムと出会えたのは幸運でした。わたしも誰かに本当に愛されることができるんだって実感できたから。赤ちゃんがほしいねって、ずっと二人で言ってたんですけど、自分にはどこかおかしいところがあるんじゃないかと思っていたんです。妊娠したら、母みたいな冷酷さが表に出てくるんじゃないかって。自分の子どもにあんなふうに接するかもしれないと思うと、耐えられなかったんです」

それは何度も何度も耳にしてきた話だった。母親に与えられた根深い精神的な傷のせいで、苦痛と恐怖と混乱という負の遺産をひきずっている女性たちが口にするつらい話だ。

さまざまなクリニックで三十五年以上セラピストとして仕事をしてきて、わたしはヘザーのような女性をたくさん見てきた。自分を育てた母親の毒になる思考回路にとらえられ、そこから逃げだそうとあがいている女性たち。セラピーにやって来る彼女たちは不安と抑鬱、人間関係の問題、自信の喪失、自分の権利を守れないかもしれないという恐怖、あるいは人を愛せないのではないかという懸念すら抱えていた。母親との関係によって人生が困難なものになっていると気づいた女性もいた。「母のせいで頭がどうかなりそうなんです」と訴える人もいた。しかし、母親との問題は、わたしに相談したい悩みに比べたら、たいしたことではないと考えているようだった。

おまけに彼女たちは、過去からひきずっている苦痛は自分自身のせいだと証明したがっていた。ヘザーが抱いている母親になることに対する恐怖については、もっと話を聞く必要があった。そこで、わが子に向けるのではないかと非常に恐れている「母みたいな冷酷さ」とはどういうものか、話してくれるように頼んだ。

母には二面性があるみたいでした。バースデーパーティーを開いてくれ、学校の行事にやって来ることもありました。わたしの友人たちにも親切にしてくれて。でも、別の面では……。

ええと、母はわたしのことをすごく批判したんです――いえ、本当のことを言えば、ほとんどずっとわたしを無視していました。わたしのために時間を割く価値なんてないと言わんばかりに。よくわからないけど――母がしてくれたすてきなことは、すべて世間に見せびらかすためだったのかも。でも、はっきり言って、母のそばにいても安心できませんでした。本当の絆とかやさしさは感じませんでした。自分が母にとって大切な存在だと感じたことは一度もなかったんです。気が向いたときに世話をする存在ってだけ。でも母は忙しかったんですよ。自分に関心を向けてくれないからって、シングルマザーを非難することはできませんよね。

多くの女性と同じように、ヘザーはどう扱われてきたかを率直に語ることができた。それでも、その傷を最小限に見せようとし、実際とはちがう存在として母親を理解しようと必死になっていた。つまり、愛情あふれる母としてだ。

いい母親とは？

いい母親には完璧であることや、殉教者なみの自己犠牲が期待されているわけではない。母親は母親なりに、精神的問題や心の傷や欠乏感を抱えている。手を抜けない仕事を持っているかもしれないし、娘のために時間を割けないときもあるだろう。かんしゃくを起こしたり、あとで悔やむような言葉を娘に投げつけてしまったりすることもあるかもしれない。でも、そうした母親に育てられた娘が自分の価値を信じ、自尊心、自信、安心感を抱いているなら、すばらしい母か合格点すれすれの母かはともかく、母親としてりっぱな仕事をしたと言えるだろう。そういう母は具体的な信頼できるやり方で、子どもに本物の愛情というものを見せているからだ。

ヘザーをはじめ多くの女性が経験したのは、そういう母親の行動ではなかった。彼女たちには、愛情と関心はごくまれに、ちょっぴりずつしか与えられなかった。もっぱら母は娘をけなし、競争し、冷たく無視し、成功を横取りし、守ることができず、虐待すらした。でも愛することは？　ノーだ。愛情とは常に、あらゆる状況で注がれるものであり、ヘザーのような娘たちはその心を満たす温もりに飢えていた。

母の愛情を手に入れられないことの大きな苦痛

母から愛情を与えられずに育つことで、娘たちは心に痛ましい傷跡を残される。娘は母親と自分を同一化し、絆を作ることによって、女性としての人生を理解していくものだ。しかし、その重要なプロセスがゆがめられると——母親が虐待したり、批判的だったり、束縛したり、鬱だったり、ネグレクトしたり、冷ややかだったりして毒になる存在だと——娘はたった一人で、揺るぎない自意識や世の中での居場所をなんとか手に入れようともがき苦しむことになる。

ただし彼女たちの頭には、母親が愛してくれないとか、極端な場合、悪意があるということはちらりともよぎらない。子どもたちの生死の鍵は、中心となって世話をする人間が握っている。そのため、母親の愛情不足や悪意を認めるのは、子どもたちには余りにもつらいことであり、多少なりともその可能性があるというだけでも強い不安を生む。したがって「母とのあいだに問題があるとしたら、わたしが悪いのだ」と考える方が、子どもにとってはずっと楽なのだ。娘は母親の毒になるふるまいを、不器用でぶざまな自分がいけないのだと自分を責めることで納得しようとする。その気持ちは大人になりどんなに成功しても、自分自身の子どもを含む他の人にどんなに愛されても、ずっといすわり続けるのだ。

愛情のない母親に非難されたり無視されたり虐待されたり束縛されたりしてきた女の子が大人になると、自分は優秀でもなく、愛されることもなく、賢くもなく、きれいでもなく、他人から認められることもないので、成功や幸福を手に入れることはない、と思いこむようになる。だって尊敬と愛情を注がれる価値のある人間なら、お母さんがそれを与えてくれたはずでしょ、と彼女の心の声はささやくのだ。

もしもあなたがそういう女の子なら、もしも喉から手が出るほどほしかった母の愛情を与えられなかった娘なら、おそらくヘザーと同じように、自信に大きな裂け目ができ、空虚と悲しみを抱えながら日々を送っていることだろう。あなたはありのままの自分では決してくつろげないだろう。自分が人を愛せるとは信じられないかもしれない。だから、母に与えられた深い傷が癒えるまでは、人生をちゃんと歩めないのだ。

なぜ今この本を書いているのか

ヘザーとのセラピーで、改めて苦痛に満ちた娘の現実に胸をつかれ、セラピーが終わってもしばらくのあいだ彼女のことを考えていた。彼女は知的で魅力的で、成功している。でも、そういった美点は本人には見えていないらしい。自分の愛する能力と愛される能力について疑問に思っているし、どこか自分に悪いところがあるのではないかと不安になっている。実際はその正反対なのだが。そして自意識過剰のせいで、三十四歳になっても母に認められ、ほめてもらうことを期待している。それによって女性として、パートナーとして、母親としての自信と信念を得られると信じているのだ。でも、それはおそらく永遠に得られないだろう。母との強い絆が欠けていると、女性は一生涯にわたって、驚くほどの空虚や喪失感と戦うことになりがちなのだ。

一見、「完璧なカップル」や「幸せな家族」の裏側に潜むつらい真実を探りだすことを、わたしはずっと専門にしてきた。そして『毒になる親』を執筆したのち、親については言い尽くしたと思った。

しかし、ますますたくさんの娘たちが母親に与えられた傷を抱えてわたしのもとを訪ねてきている。そこで、愛情のない母親のせいでいまだに苦しんでいる何百万人もの女性たちと、女同士で語り合いたくなった。

さらに、この本を書こうと決めるにあたっては、別の要因もあった。わたし自身が母親から不安を与えられていた娘だったからだ。その問題はとうの昔に解決したとはいえ、母が亡くなるまで、愛することのできない母親についての本を書くことができなかった。女性のクライアントたちはたいてい父親とも苦々しい関係にある。父親自身が大きな問題を抱えていて、娘にまで気が回らないからだ。そもそも健全な男性はめったに不安定な女性と結婚したりつきあい続けたりすることはない。しかし母親との不安定な関係は、娘が結婚やキャリア、母親となることなどを決めるときに、精神的なしこりになっているように思える。

あなたが愛情のない母親と暮らしてきたら、人生で出会う困難のすべてにそのことが影響を及ぼすし、人間関係で自信や自尊心を手に入れようとするたびに、その問題とぶつかるだろう。あなたはいらだち、勇気を失い、混乱するかもしれない。でも、この本でいっしょに学んでいけば、これまで得られなかった明快な手がかりや安心感を見つけられるはずだ。あなたと母親との関係を再構築し、これほど長期にわたって痛みをもたらしてきた傷を癒すために、わたしはぜひとも力を貸したいと思っている。

まず最初に、毒になる母親の行動と、それがあなたに与えてきた影響について、つぶさに曇りのない目で眺めてみよう。この本を読み進めるにつれ、母親の両親——そしてあなたの両親——を詳しく観察することになるだろう。あなたを束縛している信念や行動を変えるために、どういう戦略が効果的かもお教えするつもりだ。さらに、親や他人からの愛とはどういうものか、それがどんなふうに見え、どういう感じがするかについて、あなたが初めて理解するために手を貸そう。それは人生を改めて作りあげるにあたって、あなたを導いてくれる強力でたのもしい道しるべになるはずだ。

それを愛とは呼べない

これまで経験してきた毒になる母親の行動を客観的に見るために、以下のチェックリストを用意した。まず、現在起きていることをチェックしてみよう。

あなたの母親は定期的に

○あなたをけなしたり批判したりするか？
○あなたに罪をなすりつけるか？
○物事がうまくいくときは自分の手柄にし、うまくいかないとあなたのせいにするか？
○あなたには自分で決断を下す能力がないかのように対応するか？
○他の人の前では愛想がいいが、あなたと二人だけのときは冷たいか？
○あなたと張り合おうとするか？
○あなたにとって重要な人の気を惹こうとするか？
○あなたを介して自分の人生をまっとうしようとするか？
○電話、メールによってあなたの生活にあまりにも入り込んでくるので、息苦しく感じるか？
○自分の憂鬱の原因、成功できないこと、夢が成就しなかった人生はあなたのせいだと、口にしたりほのめかしたりするか？
○あなたがいなければやっていけない（あ、な、た、の助けでなくてはだめだ）と口にしたりほのめかしたりするか？
○あなたを意のままにしようとして、お金を利用したり、お金をあげると約束したりするか？
○自分が望むことをしなかったら、あなたの人生をだいなしにしてやると脅すか？
○あなたの気持ちや要望を無視するか考慮しようとしないか？

「イエス」の答えは、母親が愛情ある母親と愛情のない母親を分けている境界を越えかけているか、すでに越えてしまったあきらかな証拠だ。こうした行動はおそらく前々からのものなので、たぶん一生涯続くだろう。それぞれの質問を過去形にして、幼かったときにどうだったかを考えてみれば、はっきりとわかるだろう。

次のリストは母親との関係が、あなたにどういう影響を与えてきたかを示している。

あなたは
○母親に愛されているのだろうかと疑問に感じるか？　愛されていないことを恥ずかしく感じるか？
○自分以外の人の幸福に責任を感じるか？
○母親の要求、望み、あなたへの期待は自分自身のそれらよりも重要だと感じるか？
○愛は自分には手に入らないものだと信じているか？
○母親のためにどれだけ尽くしても、充分ではないと信じているか？

○母親を守らねばならないと信じているか、たとえ彼女があなたを傷つけているとわかっていても？
○他人、とりわけ母親の望みを満たさなければ、罪悪感を覚え、自分は悪い人間だと感じるか？
○母親には自分の生活の詳細や感情を隠すか？　なぜなら本当のことを母親に知られたら、自分に不利なように利用されるとわかっているから。
○しじゅう賛同を求めているか？
○どんなに成功しても、怯え、罪悪感を覚え、自分はちっぽけだと感じるか？
○自分を愛してくれるパートナーを見つけられないのは、自分に悪いところがあるからかもしれないと思うか？
○「わたしみたいに、めちゃくちゃな人間」になったら困るので、子どもを持つことが怖いか（たとえほしくても）？

こうした感情や思い込みは毒になる母親の与えた傷の負の遺産で、やはり子ども時代に根ざしたものだ。しかし質問のすべてに「イエス」と答えたとしても、どうかもう人生は終わりだとか、取り返しがつかないほどダメージを受けているとか思わないでいただきたい。あなたの人生、セルフイメージ、人間関係をよりよくするために、すぐにでも変えられる部分はたくさんある。

この本に登場する女性たちは、あなたにとても似ている。このあとのページで、彼女たちが勇気をもって過去を検証し、母親と自分自身を新たに理解し、人生を大きく前向きに変えていっていることがわかるだろう。そうしたセラピーで行われた癒しの旅に、あなたも案内するつもりだ。その旅路で、愛情のない母親のもとで大人になったという痛ましい負の遺産からついにあなたを解放するために、いくつかの手法を授けるつもりでいる。

この本はどのように構成されているか

前半の章では、子どもを愛することができない典型的な五種類の毒になる母親をご紹介しよう。ヘザーのような娘とのセラピーを記録しているので、娘の目を通して、それぞれのタイプの母親の行動を知ることができるだろう。また娘が母親とのあいだに現在抱えている問題と、それが人生にどんな影響を与えているかについて語るのを聞いてもらいたい。彼女たちが少女時代に母の愛のない行動から自分を守るために選んだ対処方法についても。そうすれば、そうした行動や考えが、どんなふうにして非常に苦痛に満ちた自滅的なパターンになったかがわかるだろう。

おそらくあなたの母親のふるまいとそっくりな行動を発見するだろう。ただし、これまで母親からずっと聞かされてきた釈明や正当化は一切なしだ。おかげで、これまでよりもずっと明確に母親を理解できるだろう。あなた自身のことも、よりはっきりと見られるようになるにちがいない。そうなったら、自信と自尊心をとり戻す方法、愛されていないかもしれないという不安を払拭できる方法をご紹介しよう。

あなたは若いときに破壊されたものは二度と修復できないと、ずっと信じてきたかもしれない。しかし、わたし自身と他の何千人もの娘たちの経験から、修復は可能だと断言しておきたい。この本でわたしとともに学べば、すばらしい健全さが手に入るはずだ。そして自尊心と英知とずっと恋い焦がれていた愛情へと通じる道を見いだすことができるだろう。

第一部　母親から受けた傷を確認する

一章　母親の愛情を疑問視することのタブー

「母親を悪く言うことは決して許されない」

母親神話はなかなかすたれない――つまり、母親と定義される人は愛、保護、やさしさを与えられるという神話だ。母親神話は愛情のない毒になる母親たちにとって大きな隠れ蓑になっている。母親に向けられた批判や疑いの目を夫や他の家族や社会がかわしてくれるおかげで、母親たちは好き勝手に行動できるのだ。

ほとんどの社会が母親を美化する。まるで出産という行為だけで、子どもを育てる能力が本質的に与えられるかのように。それは絶対に嘘だ。女性が、とりわけ問題を抱えた女性が、「母性本能」を発動させ、いきなり赤ん坊と絆を結び、必要に応じて子どもの欲する養育ができるようになる魔法のスイッチなど存在しない。もちろん、フロイト派の伝統である母親バッシング――うまくいかなかったことをことごとく母親のせいにすること――はまちがっているが、母親イコール健全な愛情の持ち主と信じることも幻想だ。

この幻想はとても広く固く信じられているので、あなたの母親に愛情がなく、本当は何があったかを――母親があなたに実はどんな態度をとったかを――話そうとすると、一致団結して母親を守ろうとする強力な抵抗の壁に衝突する羽目になるだろう。

実際、愛情のない母親について口にすることは、過剰なほどのタブーによって制限されている。母親から与えられた痛みについてとりあげることは、人々の感情を逆なでし、疑いや鋭い批判や非生産的なアドバイスを与えられるのがおちなのだ。あなたが母親に断固たる態度で臨もうと決意したことがあるなら、どういうことが起きるかはすでにご存じだろう。以下に例をあげてみた。

○母親と和解しようとすると、批判とごまかしによって非を認めることを拒絶される。またしてもあなたは恩知らずな人間、利己的な人間、寛容でない人間にされてしまう。母親が何をしようとも、永遠に彼女に恩がある人間なのだ。

○親戚や友人にアドバイスをもらおうとすると、こういう言葉が返ってくる。「お母さんのことをよくもそんなふうに言えるわね？　あなたを生んでくれたのよ。頭がどうかしたの？」

○不運にも心得ちがいのセラピストに相談して、「許して忘れて」、母親と仲直りすることを強制される。どんなにあなたの感情が傷つけられ犠牲になろうとも。

○聖職者やスピリチュアルカウンセラーから助力を得ようとすると、こういう答えが返ってくるだろう。「汝の母親を敬いなさい」「許すまで、あなたは癒されません」「家族がすべてなのです」

○パートナーにも相談するかもしれない。相手はこう忠告する。「お母さんのことは気にしないことだ。ああいう人なんだから」

そしてその後、あなたは出発点に戻ってくる——途方に暮れ、一人ぼっちで、過去と対決して乗りこえようとした試みを恥ずかしくさえ感じながら。自分にはこんなふうに感じる権利があるのだろうか、と疑問に思いはじめるかもしれない。

他人はあなたが見ているものを見ていない

愛情のない母親を持つことの苦痛と戦うのは、ひとりぼっちの孤独な作業だ。そこそこ健全な母親を持っている人々は、すべての母親が自分の母みたいだとは限らないという事実を理解できない。したがって、善意の友人や親戚ですら、愛されない娘の苦しみを軽視し、同情を求める娘を非難することはよくある。クライアントのヴァレリーは三十二歳のコンピューター・プログラマーで、内気さと不安のせいで仕事や社交生活で行き詰まりを感じていた。殻を破るのはむずかしい、と彼女はぼやいた。とりわけ「みんなわたしを理解してくれないので」

どういうことかとたずねると、ヴァレリーは最近のできごとを語った。

ヴァレリー　ひと月前、わたしは成人美術クラスに登録したんです。前々からやりたかったことなんです。インストラクターのテリーはわたしの水彩画をほめてくれて、年は二十五歳もちがうんですけど、とても親しくなりました。テリーは生徒の作品展をする予定でした。わたしの作品もふたつ選んでくれたと聞いて、舞い上がりました。でも、わたしったら、いきなりわっと泣きだしてしまって。どうかしたのかとテリーに訊かれ、その朝、電話で母とひどいけんかをしたので、母を作品展に招きたくないと打ち明けました。

でも、テリーはお母さまにぜひとも会いたいわ、と言うんです。母はインテリアデザイナーです——それに画家を志して挫折していました。ただし、そのことはテリーに伝えていませんでした。テリーが二度も母のことを持ちだしたので、不本意だったんですけど、母に招待のメールを送りました。というわけで母は作品展にやって来て、みんなの作品をほめちぎりました。ただし、わたしの作品に対してはとても冷めた態度でした。もちろんテリーには大げさなほど感じよくふるまいました。母が帰ったあとで、テリーはわたしに言いました。「あんなにすてきなお母さまがいてうらやましいわ――母がまだ生きていてくれたら、わたしは何だって差しだすんだけど。あなた、自分がとても幸運だってわかってるかしら」

わたしは答えました。「でも――物事は見かけどおりとは限りませんよ。母はとても自己中心的で批判的になることもありますし、対抗意識が強いんです」

テリーは、わたしの言ったことがひとことも耳に入らないようでした。ただ彼女はこう繰り返したんです。「自分の幸運の星に感謝した方がいいわよ。作品をわざわざ見に来るほど、あなたを気にかけているお母さまがいるんですからね」

ヴァレリーは友人だと思っていた女性に話を聞いてもらえず失望を感じた。誰かに話を聞いて理解してもらいたいと思ったときに、それがかなわなくて、ヴァレリーのような大人ですら大きな苦痛を覚えるなら……若くて自立していない少女なら、その影響は測りしれないだろう。

独身で二十八歳、スーパーマーケットチェーンのマネージャーであるコリーンは、ずっと前から慢性の軽度の鬱状態に苦しんでいると打ち明けた。瞑想をしたところ、かなり症状がやわらいだが、憂鬱な気分の原因は過去の解決されていない多くの問題にあると考え、わたしの力を借りようと訪ねてきたのだった。わたしは子ども時代について話してくれるように頼んだ。

コリーン　わたしには話し相手が誰もいなかったんです……まるっきり楽しくない子ども時代でした。誰一人わたしの話を聞いてくれないので、悲しくてたまらなくて。父に母のことを相談しようとすると、いつもこう言われました。「お母さんにやさしくしてあげろ」ジーナ伯母のところに泊まったとき、家ではどんな様子かとたずねられました。伯母といると安らぎを感じました――伯母はいつもわたしにやさしくしてくれたんです――ですから打ち明けました。「お母さんはどこかおかしいんじゃないかと思うの。だって、いつもわたしを怒鳴りつけるし、おまえは役立たずだって言うから」ジーナ伯母は静かに耳を傾け、理解してくれたように見えました。でも、こう言ったんです。「あなた、お母さんが幸せでいられるように努力しなくちゃだめよ――お母さんだって本気でそういうことを言ってるわけじゃないんだから。お父さんとの仲がうまくいっていないのよ。あなたがいなかったら、とうの昔に別れていたでしょう。あなたはお母さんに恩があるのよ。そんなに神経質にならないで」伯母は本気でわたしに憤慨しているようでした。打ち明けたせいで、よけいに気分が滅入りました――そして思ったんです。「最悪！　伯母さんまでわたしに腹を立てちゃったわ」何も話さなければよかったと後悔しました。

愛情のない母親を持った女性には、正当性を証明したがるという共通点がある。つまり、こう言ってくれる人を見つけたいと願うことだ。「ええ、あなたが経験したことは実際にあったのよ。ええ、あなたがそう感じるのは当然ね。わかるわ」

過去と現在における母親の言葉と精神的肉体的な虐待について語らずにいることは、娘にとって大きなプレッシャーになる。おわかりかと思うが子どもにとっては、早くからルールがはっきりしているものだ。〈誰にも言わない。自分自身にすら言わない〉

こうしてあなたは自分自身の真実を覆い隠し、できるだけちっぽけなものにし、信じないようにすることを学んでいくのだ。

いかに母親の拒絶が自己の一部になるか

母親にもこんなにいいところがあるんだから、と欠点に目をつぶって受け入れる態度は、ポジティブに思えるかもしれない。でも、それはあなたの人生に潜む感情のマグマのようなものを抑えつけてしまうことだ。「作り笑いで耐える」状態によって平和は保たれるが、それは屈辱と恐怖がもたらす麻痺状態よりも、いっそうまずい選択肢だ。真実から目をそむけ暗闇にとどまり続けることは、記憶喪失も同然なのだ。

母親について真実を語ろうとするたびに外部から与えられるメッセージは、強烈な感情としてあなたの内側からこだまとなって返ってくる。

○真実を語ることで「母親を批判する」ことをとてつもない背信行為だと感じる。「なんといっても、母はわたしを産んでくれたのだから」

○あなたは屈辱を感じている。「すべての母親は子どもを愛している——だとしたら、子どもを愛さないことにはもっともな理由があるにちがいない」

○自分の見解を疑い、「神経質すぎる」か、たんに自己憐憫にふけっているだけなのかもしれないと思う。

こうした考えや感情はきわめて強烈で、深いところに眠っていた痛みや不安を揺り起こし、「恐怖」としか形容し得ない感情を誘発する。それは自分の母親に愛情がないことを認め、その関係を変えようとした結果、経験する恐怖なのだ。

「愛情がないばかりか虐待する母親」というレッテルを貼れない理由を、娘が以下のような言葉を使って言い訳するのをしばしば耳にする。

○罪悪感に耐えられなかった。
○悲しみに耐えられなかった。
○喪失に耐えられなかった。

大人の女性の中の怯えた女の子はこう言う。「真実を言ったら、もうわたしには母親がいなくなってしまうわ」そして、自分の中の子どものささやきを聞くと、どんなに成功し洗練された女性でも、自分がもはや大人で、生き延びるために母親に縛りつけられる必要がないことを忘れてしまうのだ。

真実を語ることにともなう感情に耐えられないとなると、もはやひとつしか道はない。セルフイメージと母親像の両方をゆがめ、それを正当化するのだ。

「だって、お母さんはとても大変な目にあってきたのよ」あなたは自分に言い聞かせる。「少し大目に見てあげなくちゃ」

コリーンは母が「それほど悪くない」証拠のかけらにしがみつこうと必死になった。彼女のような正当化はよく見られるものだ。

コリーン　母をおとしめているとは思われたくありません──ちがうんです。だって、母は食べ物も住むところも与えてくれたし──わたしは一度もおなかをすかせたことはありません。教科書やすてきな服も買ってもらった。それにほんと、正直に言って、小さいときのわたしは手がかかる子だったんです。母がわたしに腹を立てたのも無理はありませんよね。

いまだにコリーンは母親との関係にも、何かしらポジティブな部分があるのではないかと期待していた。充分な食べ物は与えたかもしれないが、精神的には飢えさせた母親なのに。でもその結果、コリーンは自己を責めることになる。愛情のない母親の娘には、よくあることだが、実に奇妙なことに自責の念が慰めになっているのだ。

このサイクルがおわかりだろうか?　母親との関係における苦しみは常に恐怖に変化し、それは母親の行為の正当化と自己を責めることにつながる。それはあなたを閉じこめ、変わることを不可能にさせる檻なのだ。知性は何が起きているかを知っているが、感情はちがうことを伝えてくる──そしてたいてい、わたしたちが耳を傾けるのは感情なのだ。

愛情のない母親の娘はこう言う。「母は鬱状態なんです」「母は自分のことで頭がいっぱいなんです」「母のせいで頭がどうかなりそうです」さらには「母はアルコール依存症です」「母は言葉で虐待したし、今もそうです」あるいは「母はろくでなしなんです」それらの言葉はたくましく世慣れているように聞こえるが、安堵をもたらすにはほど遠い。母親の神話から完全に解放されるまでは、あらゆることをたったひとつの言葉で説明するように娘はプログラミングされているからだ。つまり「母が何をしたにしろ、すべてわたしがいけないのよ」

おそらくずっと、あなたは母親ではなく自分が悪いという思い込みにとらわれてきただろう。この破壊されたセルフイメージが女性としての自意識を形作り、そのままあなたは大人に成長していった。そして幼いときにたびたび恐怖を覚え、自分自身を誤解していたせいで、あなたは自滅的な行動をずっと継続しているのだ。

タブーと対決する

この本では愛情のない母親の詳細なポートレイトを提供するつもりだ。それは母親神話を永遠に葬るのに役立つだろう。以下の章では、深刻な精神的または生理的障害のせいで、不変の愛情を与えようとしない、あるいは与えることができないさまざまな母親を紹介する。そうした愛情は子どもが精神的健康を手に入れるのに大きな役割を果たすものだが、これらの母親は子どもを心から愛することができない。

ただし強調しておきたいが、こうした毒になる母親は誰一人として「今日はどうやって娘を傷つけてやろうかしら」と考えながら、毎朝目覚めるわけではないのだ。その行動の多くは無意識によって、または直視することを恐れている感情によって誘発される。すなわち人生におけるとてつもない不安定感、圧倒的な喪失感、深い失望によって。彼女たちは自分自身の恐怖と悲しみから逃れようとして、娘を利用し自分の権力や影響力や支配を強めようとするのだ。こうした母親に共通する特徴は共感の欠如だ。彼女たちは徹底した自己中心主義のせいで、自らが生みだしている苦悩が見えなくなっている。立ち場を変え、あなたの視点から物事を見てみようともしない。彼女たちにわかっているのは自分が求めているもの、自分が必要なものだけだ。そのため、自分の心の中の悪魔と、あなたに対する有害な行為を関連づけることがほぼ不可能になっている。

本書に書かれている母親の行動が、あなたの経験に苦しいほど似ていても、どうか目をそらさないでほしい。愛することと正反対の行為として、それを認識することが重要なのだ。そして、たとえ少しずつだとしても、その認識を心に深く染みこませること。つらいことは承知しているが、母親神話によって巧妙に作りあげられたダメージは、母親があなたにしたことと、あなたの人生に残した傷痕をはっきりと見すえなくては修復できない。

この本の前半に登場する母親たちは、五つのタイプに分けられる。この分類にははっきりした境界線はないし、いくつかのタイプにまたがっている場合もある。以下に分類をあげておこう。

○〈きわめて自己愛の強い母親〉この非常に不安定で自分のことしか頭にない母親は、賞賛を求め自分の重要性を強く感じたがる。注目の的になり、スポットライトを浴びるのが大好きだ。とりわけ、世間の注目が自分からあなたに移動したと感じると、よけいにその欲求が強くなる。娘をライバルのように扱い、娘の女性としての自信や魅力や力を損なおうとする。このタイプの母親は脅威を感じると、批判や競争心をむきだしにする。とりわけ、娘が女性として花開きはじめると、それが顕著だ。

○〈過剰に関わってくる母親〉は過剰なほどの時間や関心を求めて娘を息苦しくさせ、二人のあいだの境界線を消し、娘の人生でもっとも重要な人物になりたがる。たとえどんな犠牲を払っても。こういう母親は自分の精神的欠乏感を満たすために母としての役割に依存しているので、娘の健全な独立を助けることができない。彼女たちはたいてい娘を「親友」と呼ぶが、娘の要求や好みが自分と一致しないときはめったに共感しようとしない。

○〈コントロールばかりする母親〉は人生の多くの場面で無力感を覚え、それを埋め合わせるために娘を利用する。娘は母親を幸せにし、母親の命令を実行する人間だ。こうした母親は自分の要求、望みを娘に突きつけ、たとえば娘が別の予定を優先しようとすると、厄介な結果になるわよと脅す。娘にとって何がいちばんいいかを知っているのは自分だけだと主張して、その行動を正当化する。そして常に娘を批判することで、それを娘に信じこませるのだ。

○〈世話を必要とする母親〉は途方に暮れている。しばしば鬱病や依存症になり娘を放置するので、娘は自分ばかりか他の家族の面倒まで見なくてはならないことが多い。娘が子ども時代を奪われ、子どものような母親の面倒を見るとき、「役割の逆転」の古典的なパターンが起きる。かたや娘は母親が与えることのできない導きや保護に飢えている。

○〈ネグレクト、裏切り、虐待をする母親〉こうした母親はもっとも暗い領域に生息し、娘に一切の温もりを与えることができず、家族のメンバーの虐待から娘を守ることができない。あるいは、自分自身で娘を肉体的に虐待する。彼女たちが与えるダメージは有毒で、娘が負う傷は深い。

こうした母親たちが娘の人生の土台をいかにして破壊していくかを具体的な例で見ていこう。そして、こうした実例を通して、あなたは愛情のない母親との暮らしが、人を愛し、信頼し、人生を豊かにする能力をそこなうものだったことを理解するだろう。

パターンを繰り返すこと

女性は父親のような相手と結婚する、というのは昔からよく言われているが、驚くべきことに、わたしたちはしばしば母親のような相手と結婚する。つまり大人になってパートナーを選ぶときに、母親によって傷を与えられたドラマを無意識のうちに繰り返してしまうのだ。

愛情のない母親のせいで、娘は虐待に対して非常に我慢強くなる。最悪の場合、虐待された子どもは虐待する母親になるかもしれない。しかし毒になる母親の負の遺産が何であれ、過去と現在をつなぐことで、あなたは永遠に変わりたいと願い、変わるための力を手に入れることができるだろう。

二章　きわめて自己愛の強い母親

「だけど、わたしはどうなるの？」

古代ギリシャの神話によれば、昔ナルキッソスというとてもハンサムな青年がいて、あまりにも美しいので、男性も女性もひと目で彼にかなわぬ恋をしてしまったそうだ。

ある日、ナルキッソスが湖畔にすわっているときに、たまたま水をのぞき、非常に美しい青年の顔を目にした。それが自分自身だとは夢にも思わず、彼は自分の姿にすっかり心を奪われ、食べることも眠ることも拒絶し、その場から動こうとしなくなった。透明な水の中で揺れる少年に執着して、ナルキッソスは死んだ。わたしたちがナルキッソス——水仙と呼ぶ白い花は、少年の死体があった場所に咲いたと言われている。

これは有名な神話だ。そして、多くの誤解の源となっている。「ナルシスト」という言葉は、ナルキッソスのように自己陶酔している人間に使われる。しかし、わたしはナルシストであるパートナーや親を持つ多くの人々を治療してきたが、彼らが自分自身を愛しているとは思えなかった。もっとも彼らは虚栄心が強く、自信たっぷりで、非常に傲慢ではあるが。

現実には、ナルシストは非常に不安感が強く、自信喪失している。でなければ、他人からの賛同や賞賛をそれほど熱心に求めるだろうか？　なぜ彼らは常に注目の的にならずにはいられないのか？　それになぜナルシストの母親は自分が自信や自尊心を抱くために、娘のそれをつぶそうとするのか？

ナルシストの母親があまりにも自分自身を愛しているせいで、娘たちは愛されていないと感じるのではない。母親が自分は秀でていて欠点がなく傑出していると他人に思わせることに必死になっているせいで、娘はその心に入りこむ余地がない。それで娘たちは愛されてないと感じるのだ。

ナルシストの母を持つ幼い娘は、スポットライトが自分に当たるたびに、母親が割りこんできて賞賛を横どりすると早くから学ぶ。こうした娘は押しのけられることや、付属品のように扱われることに慣れっこになり、母親の長い影にのみこまれてしまう。ナルシストの母親は娘の成功を自分の手柄にし、自分の不幸を娘のせいにするので、娘の自信や生まれつきの熱意は消えていく。娘ではなく、母親の欲望、自意識、満足が常に優先されるのだ。

自己愛の範囲

自己愛が強い行為と言っても、程度はさまざまだが、娘にとって破滅的な母親の自己愛はもっとも極端な形をとる。鏡を見て、「今日のわたしはイケてる！」と言うことや、自分自身の才能をおおっぴらに自慢することは自尊心を高め、自分の利益のために行動し自立するのに役立つ。

しかし自己愛の目盛りがもう少し上がると、自己愛は自己中心的となる。このカテゴリーに入る軽度のナルシストは、他人が自分のすばらしい特質に常に注目することを求め、自己満足に浸る。ただし、この行動はいらだたしいかもしれないが、毒にはならない。中程度のナルシストは虚栄心が強くあきらかに自己中心的で、会話の主導権を握り、相手、あるいは「聞き手」が退屈しかけていることにも注意を払おうとしない。それでも、その行動についてとがめられたら、謝るかもしれない。

しかし、重度のナルシストになると、めったに謝罪はしない。メンタルヘルスの専門家は「自己愛性人格障害（Narcissistic Personality Disorder=NPD）」と呼んでいる。

この障害のふたつの特徴は誇張をすること、そして注目されようと必死になることだ。子どもの場合なら、自分が強くて尊敬されているという大仰な夢物語を抱くのはありふれたことだ。とりわけ、現実があこがれとほど遠い場合は。ただ、成長するにつれ、それが自画自賛だと気づき、ほとんどの大人はそうした夢物語を捨てる。しかしNPDの母親は、この初期の渇望から決して卒業できず、それに固執する。世の中に適応できないという気持ちを隠してくれ、防御になるからだ。彼女たちは他人が自分のアイデンティティと自尊心をどうみなすかがとても気になり、賞賛を得ようと必死になる。そのため、他の女性よりもずっと美しく、賢く、才能があり、魅力的だということを証明（あるいは少なくとも主張）しようとして人生を送る。自分は特別扱いをされる権利があると考えているので、人がそれに賛同しないと大騒ぎをする。嫉妬深く、反対されると過剰なほどの自己防衛に走る。そう、共感力が完全にそこなわれているのだ。彼女たちは自分の幸福感を高めてくれるのでなければ、他人やその気持ちにはほとんど関心がない。

自己愛は一九八〇年まで人格障害とみなされていなかった。それまでは極端な自己愛でも、自己中心的、うぬぼれが強い、極端に身勝手といったレッテルを貼って片付けられていた。現在は極端なナルシストは狂っているわけではないが、他の人とはちがう思考回路を持っていると認識されている。メンタルヘルスの専門家は、長年にわたってこの人格障害がどうして起きるのかを解き明かそうとしてきた。初期のトラウマや甘やかしが「偽りの自己」を作らせたと信じられていた時期もあったが、新しい証拠によれば遺伝子か生理学的なものが原因のようだ。

具体的には、NPDを持つ人々はいささか芝居がかった感情的な行動やとっぴな行動をとることがわかっている。そしてきわめて自己愛の強い母親は娘にとって毒となる。

これまでの描写にあなたの母親が当てはまるなら、つらいとはいえ、真実をはっきりと見ることができてあなたはほっとしただろう。しかし、あなたが相手をしているものの正体を見極めるために、文字では現実感がないかもしれない。文字ではあなたの精神的な動揺や母親に与えられた傷を癒すことができない。「共感の欠如」という言葉だけでは、きわめて自己中心的な母親から理解してもらおうとしたときにあなたが感じたむなしさを言い尽くせないのだ。

三つのD――ドラマ（Drama）、偏向（Deflection）、拒絶（Denial）――を持つ女性
デーナ――メロドラマの主人公に人気をさらわれ、無視された

聡明で魅力的な三十八歳のデーナは夫、ＰＲの仕事、二人の幼い息子たち、それにきわめて自己愛の強い母親の要求をかなえることに疲れきっていた。いい人生を送っていると思うが、母親のそばにいるときは別だ、と彼女は言った。母といると不安がこみあげてきて、結婚生活や息子との関係にもひびが入ってしまうとか。デーナは最近の腹立たしいできごとについて語ってくれた。

デーナ　家族のディナーの席で、わたしは三人目の赤ちゃんを妊娠していることを発表しました。親戚たち――おじおばやいとこ、兄――は喜んでくれ、わたしをとり囲み、笑いながらハグしました。すると、いきなり母が席から立ち上がり、気絶したふりをして床に倒れたんです。みんな驚き、当然わたしのそばを離れて、母の介抱をしようとしました。父は走って水を持ってきました。母は立ち上がるとわたしをにらみつけて言いました。「どうしてこんな真似をするの？　どうしてこんなにわたしを心配させるの？　あなたはそれほど体が丈夫じゃないのよ。これからはしょっちゅう、

あなたを病院に連れていかなくちゃならないじゃないの！」母が何を言っているのかさっぱりわかりませんでした！　わたしは健康そのものなんです！　二人の子どもの妊娠中に、母に病院に連れていってもらったことは一度もありません。どうして母は幸せな一夜をギリシャ悲劇みたいにしてしまったんでしょう？

デーナは怒り心頭に発していたが、それほど意外には感じていなかった。母のイヴリンはしょっちゅう失神騒ぎを演じていたからだ。

デーナ　母はいつもスターでした。小さかったときのあるできごとははっきり覚えています。五歳ぐらいだったとき、両親の友人たちが家に来ました。わたしはタップダンスのレッスンを受けていたので、タップシューズで歩き回っていました。木の床に当たるコツコツという音が気に入っていたからです。誰かが音楽をかけると、ダンスして、とわたしにリクエストしました。少し恥ずかしかったけど、立ち上がって練習していた簡単なダンスを始めました。そうしたら母が椅子から飛びあがるようにして立ち上がり、とても凝ったダンスをしたんです。みんな口笛を吹き、拍手をして、わたしのことなんて忘れてしまいました。わたしはすっかり混乱しました。どうして母は子どもが脚光を浴びるのを許さなかったのでしょう？　ともかく、大人になるまでずっとそんな調子でした。わたしが注目を集めそうになると、いつもそうでした。母がそばにいるときは、わたしは透明人間も同然だったんです。

デーナは大人になるまで、自分が何をしても、それは母が注目を集めるための序章でしかなかったと語った。四年生のときに腕をねんざすると、母親はろくに慰めてもくれず、自分がスキーで怪我をしたことをとうとうとしゃべった。「それよりずっとひどい怪我だったわ」デーナがいちばん悔しかったのは、母親がハイスクールの卒業式に肌を大きく露出した「誰もが目をみはる」ような常軌を逸したドレスを着てやって来たことだった。デーナが大人になった今でも、母のメロドラマの主人公のような行動は変わらなかった。イヴリンは娘にかかわることすべてを自分のことにすりかえた。それがナルシストの行動なのだ。

崇拝に対する中毒

自己愛の強い母親は注目の的になっていないと、文字どおりぺしゃんこになる。崇拝こそ彼女のドラッグで、うぬぼれを維持してくれるものなのだ。それがなくては、どうしたらいいか途方にくれてしまうだろう。

こうした母親は自意識がとてももろく、注目されたりほめられたりしなくても自分に満足していられるしっかりした価値観が欠けているので、ちやほやされなくては我慢できない。これは哀れなことだ。人々に視線をそらされたら、自分が消えてしまうと恐れているかのようだ。だから、常に自分に注目することを周囲に求める。

ただし、ポジティブな関心でなくては彼女は満足しない。批判、あるいはささいな意見の相違ですら、彼女は動揺する。その騒ぎぶりがあまりにも不愉快なので、あなたは母親の行動について意見を述べたことをたちまち悔いるだろう。まず、彼女は自分自身の欠点はさておき、あなたの欠点に焦点をあわせる。そのおかげで文句を言われたり、きちんと話し合ったりすることを回避できるからだ。それでも追及されると、こうした母親はあなたが語る話を否定するだろう。それがナルシストの三つのDだ。ドラマ（Drama）、回避（Deflection）、否定（Denial）。

デーナは大人になってからも母親のドラマをさんざん見てきたので、文句を言ってもむだだと承知していた。「その失神騒ぎには唖然となりました」デーナはわたしに言った。「でも知らん顔しておくつもりでした。そのことで腹を立ててもしょうがないですから」

だがこれまでめったにしなかった抗議をするようにと、夫のチャドに勧められた。そして、次に起きたことは典型的な回避行動だった。

デーナ　チャドはわたしがそのことを母と話そうとしないのを知り、こう言ったんです。「ねえ、そろそろお母さんと話し合うべきじゃないかな。ずっとこういう真似をしているんだから」わたしは反論できませんでした。それで母に会いに行ったんです。これまで母のしたことをとがめたときは、結局いらいらさせられ、いっそう気分が悪くなったので、とても不安でした。

わたしはこう切りだしました。「お母さん、話したいことがあるの」すると、たちまち母が体をこわばらせるのがわかりました。でも、わたしは先を続けました。そのことでは自分をほめてあげたいです。「わたしがとても大切なことを話したときに、あんなふうに芝居がかった真似をされて、とても傷ついたし屈辱を感じたわ。お母さんが先週のディナーの席で失神したことは本当にショックだった。わたしはお母さんを罰したり傷つけたりするために、もう一人赤ちゃんを産むんじゃない。だから、わたしがひどい真似をしていると言わんばかりのふるまいはやめてもらえない？」

「どうしてまた妊娠したのか理解できないわ」母は言いました。「わたしはとても心配しているのよ」

「お母さん、わたしの妊娠はお母さんとは関係ないし、ディナーの席での騒ぎは大失敗だったわね。お母さんはいつも注目を集めたがる。わたしが注目されるのに我慢できないのよ」

するとわたしが母の問題について指摘されると、いつもとる行動に出ました。親指と人差し指で鼻柱をもみはじめたんです。頭痛がすると言わんばかりに。それからうなだれました。「ハニー、わたしにはむずかしすぎる話だわ。あなたったら、まるでわたしが世界でいちばん悪い母親みたいな口ぶりね。そんなに怒るんじゃ、もうお手上げよ」

デーナの母親は自分が感じた不快感を巧みに娘のせいにして、娘の罪悪感を引き起こすような芝居がかった言葉や仕草を選び、「あなたがどんなにわたしを傷つけたか見てごらんなさい」と言うばかりで、娘の主張には決して応えようとしなかった。

批判をそらすことは防御になる

きわめて自己愛の強い母親にとって、批判をそらすことは強力な防御になる。彼女はそれをあなたと距離をとるために利用する。あなたの気持ちに配慮したり、自分がまちがっている可能性を認めたりする必要がないようにだ。

そういう母親は完璧な自分のイメージを誰にも傷つけられまいとする。自己愛の強い母親が投影するイメージは、彼女の実は不安定な中身を隠している。彼女は自分自身を吟味したり疑問視したりすることを一切拒否して、その不安定な中身を守っているのだ。家にたとえれば、外壁にひび割れがあることを絶対に認めようとしないようなものだ。もし認めたら、家全体が崩れてしまうとわかっているからだ。もっと健全な人間なら、意見の相違があったり自分の行動が評価されなかったりしたら、どういうことか検討しようとしたり、疑いや悲しみを抱いたりするだろう。おそらく別の視点を認めるだろう。しかし、重度のナルシストに反論したり批判したりすると、彼女の考えることはひとつだけ。すなわち、自分は攻撃されたということだ。

イヴリンは娘の苦情に鼻をすすり、テーブルに突っ伏したが、わめいたりはしなかった。でも、おとなしい外見の下には攻撃性が秘められている。ボディランゲージは「あなたにひどく傷つけられたから、頭を上げられない」と伝えており、「わたしが世界でいちばん悪い母親みたいな口ぶりね」と大げさな言葉で非難を受け止め、その非難をデーナにシフトしたのだ。

デーナ　母が何を考えているのかわかりませんでした。母は決してわたしに怒鳴ったり、怒りをぶつけたりはしなかった。でも母が批判的になり怒っていることはわかりました。全身でそれを感じました。わたしの首と顔が熱くなり、胃がよじれました。わたしは自分の立ち場をはっきりさせただけなのです。不適切なのはわたしの方だ、と感じさせることが母はとても得意なんです。

嘘をつく、正気ではないと思わせる、否定する

重度のナルシストの母親の怒り、批判、娘の気持ちにまったく頓着しない態度は、つらく破壊力がある。そしてすべての娘は、母親がそうした行動に気づきさえしたら、それをやめてくれるはずだと信じようとする。娘は何度も何度も、今度こそ事態は変わるはずだと期待するのだ。でも、重度のナルシストは相変わらず芝居がかった対決のあとは批判をかわし、今度はあなたの欠点を指摘する。それが功を奏さないと、母親は非常にいらだたしく腹立たしい手段に訴える。対決によって追いつめられた母親は、あなたの不満には根拠がないし、自分はまったく関係ないと主張するのだ。それどころか、あなたの見たことは存在しないし、あなたの経験したことは起きていない、あなたが言う現実はただの想像だと、現実をゆがめる発言をする。

それはきわめて困惑させられることだ。デーナの母親は自分のメロドラマの主人公的行動への娘の苦情に対して、都合よく頭痛が起きただけにとどまらなかった。いろいろな否定を口にした。

デーナ　そして、いっそうひどいことになりました。母は椅子から立つと、寝室に向かおうとしました。そのときわたしを見て、落ち着き払った声でこう言ったんです。「まったく、わたしが失神したと言うなんて理解できないわ。わたしは興奮のあまり床にすわりこんだだけよ。それぐらいしてもかまわないでしょ？　あなた、ホルモンのせいで記憶があいまいになっているのね。もう帰ってちょうだい。少し横になりたいから」

その言葉にわたしはすっかり混乱し、罪悪感を覚えながら、こそこそと退散したんです。

重度のナルシストはどんなにひどいことをしても、自分がまちがっていることをまず認めようとしない。自分が正しいことを示すためなら、どんなことだって口にする。約束したことを約束していないと言い、あなたが目にした行動をそんなことはしていないと否定し、他の人が言ったりしたりしたことにも嘘をつく。しばしば、デーナが経験したように、嘘をつくばかりか逆にあなたを嘘つき呼ばわりする。以下のような言葉で現実を否定し、あなたをすっかりとまどわせるのだ。

○そんなことは起きなかった。
○そんなことは言わなかった。
○夢を見ていたんじゃないの?
○想像力が豊かね。

それから以下のような批判であなたを攻撃する。

○あなたは本当に手厳しいわ。
○やけに繊細なのね。
○冗談を言っただけ。ユーモアセンスはどうしたの?
○いつもわたしを誤解するのね。

あなたの記憶と合理的な考え方を否定することで、ナルシストの母親はあなたの現実認識能力をおとしめ、あなたを混乱させ、母親が正しいのかもしれないと思わせようとする。母親があなたについてつく嘘まで、あなたは信じるかもしれない。

昔の映画《ガス燈》では、夫が妻に狂っていると思いこませようとして、持ち物を隠しておいて妻がなくしたのだと言ったり、家の中をちょっと変えておいて、妻がそれを指摘すると、そんなことはないと否定したりする。妻が「ここはますます暗くなってきたわ。ガス灯のつまみを絞ったでしょ」と言うと、夫は「誰もガス灯には触ってない。いつもと同じで明るいよ。具合が悪いんだろう」と答える。相手に正気ではないと思わせる《ガスライティング》ことは重度のナルシストのありふれた手法だ。自分に都合がよければ、彼女たちは夜を昼だと、黒を白だと言いかねない。そしてあなたが母親に腹を立て、いらだたしい行動について文句を言うと、夢を見たのよ、と言われるのがオチだ。

シャロン――自己愛による怒りに傷つけられる

重度のナルシストは、イヴリンの受動攻撃的な不快な表情よりも、ずっとずうずうしい態度をとる。そういう母親は人生に失望したり権利意識が揺らいだりすると、娘をスケープゴートにするばかりか、怒りのムチで打ちすえることもある。

医院の受付をしている独身で四十歳のシャロンは、不安に対処するための助けを求めて、わたしを訪ねてきた。彼女はビジネススクールで修士号をとっていたが、その教育にふさわしい仕事につけないようだった。彼女はこう語った。「パニック発作がまた始まったんです」

何がその引き金になったと思うかと、わたしはたずねた。

シャロン　そうですね、ひとつには、母とひどいけんかをしたことです。少し前……二週間前に、母とランチをとりました。母は半年前に離婚したんですが、父とよりを戻したくて手紙を書くつもりでいました。わたしはそれはいい考えには思えないって言ったんです。二人はいっしょにいると最悪でしたから。

母はわたしにわめき散らしました。「よくもお父さんとわたしを別れさせようとするわね？　なんて冷酷な思いやりがない子なの。あなたのことが恥ずかしいわ。実の母親にそんなにむごい仕打ちをする娘なんていないわよ」そんなふうに母に言われて、わたしは地球上でいちばんひどい人間のような気がしました。

シャロンはナルシストの怒りに襲撃されたのだ。父との和解の計画に賛成しなかったばかりに、批判や反対や敗北を決して認めない母親の地獄にはまりこんでしまった。重度のナルシストの母親を持つ娘たちの多くと同じように、シャロンも母親が不幸であるがゆえに、責めを負わされたのだった。母親の言わんとすることはあきらかだ。「もちろん、わたしは不幸だわ。こんなに冷酷で無情な娘がいたら当然でしょ」

腹を立てているナルシストに穏やかな意見を述べただけで、たいていの場合、わめき、叫び、侮辱するといった反応が返ってくる。母親を支持するかしないかで、あなたの善悪が判断されるのだ。おまけに傷ついた獣さながら、全力で母親は攻撃してくる。自分の言葉が娘に与える影響など一切おかまいなしなのだ。

「あなたは役立たず」

重度のナルシストの母親が何かで不安定になったり失望したり自信をなくしたりすると、批判をくりだす。不安定な人間の常で、あなたをこきおろすことで自分が優位に立とうとするのだ。あなたが楽しそうなら、大切なことを見落としているか厄介事に巻きこまれるだろうと、ケチをつける。あなたの目は小さすぎる、あるいは鼻は大きすぎる。太りすぎている、あるいはやせすぎている。足は太すぎる、さもなければ爪楊枝みたいにひょろひょろだ。もしかしたら大げさな夢物語を紡いで、あなたをおだてるかもしれない。でも、あなたが母親の理想を満たせないと、いっそうひどく批判するのだ。

シャロン　八歳ぐらいのとき、母はわたしをモデルにしようと思いついたんです。わたしは平凡な容姿の女の子で、自分でもそれがわかっていました。だけど、母は自分の娘ならモデル会社に登録できるはずだと思いこんだんです。わたしは言いなりになってました。ただ、そういうことは全然やりたくなかったんですけど。友人の紹介で、母はモデル会社と面接の約束をとりつけ、会社の人がわたしと会ってくれました。それから「来てくださってありがとうございました。追ってご連絡します」と言われました。

二週間過ぎても、何の連絡もありませんでした。もちろん、母はじっとしていられませんでした。何度も何度も電話をしたので、とうとうこう言われてしまいました。「申し訳ありませんが、現在は誰も募集していません」母はショックを受けました。そしていきなり、わたしがかわいくないからいけないんだってことになったんです！　「たぶんあなたの丸い顔のせいね。もしかしたら、やぶにらみの小さな目のせいかも」というようなことを言いはじめて。いまだに母の言葉がよみがえります。何年もたっているのに……笑うときに大きく目を見開く練習を鏡の前でしたことを今でも覚えています。

重度のナルシストの母親の娘はことごとくそうだが、シャロンも母親の期待に応えられず、母親はそのことを絶対に娘に忘れさせなかった。

シャロン　祖母も母にひどい態度をとったんです。そのことがずっと、母がわたしを傷つける口実になっていました。母はあらゆる面でわたしに失望したんです。大きくなると、折に触れて嫌味を言いました。わたしは母を幸せにできなかったんです。ある年、算数で優等をとりました。そうしたら、あの子の宿題はすべてわたしがやった、わたしの助けがなかったらいい点をとれなかっただろう、とみんなに吹聴したんです。たまに「よくできたわね」と言うことはありましたが、本当はそう思っていないことがありありと伝わってきました。母はわたしよりも自分の方が上だと思っていたんです。どうやったら母に誇りに思ってもらえるのかわかりませんでした。

おまえはだめで、欠点だらけで、とるに足らない人間だ、というような批判を母親に繰り返し言われていたら、あなたはずっと頭を低くしているようになる。頭を上げることを恐れ、もし上げたら撃ち倒されてしまうと思うようになる。

シャロンはとても聡明で、一生懸命勉強してＭＢＡをとったが、簿記係だった母親は娘の気持ちをくじくことなら何でも口にしたので、「あなたはビジネスウーマンには向いてないと思うわ」と言った。シャロンは学位をとるあいだじゅう自信を失わないようにがんばっていたが、次のステップを踏みだして、もっとも興味のある業界、銀行業界に仕事を求めることがどうしてもできなかった。

シャロン　修士号はわたしにとって大きな成果でした。やり遂げたことで自分を誇らしく思いました。でも、大きな会社の面接を受けることを考えるとパニックになったので、小さな会社にふたつだけ応募しました。二社とも落ちました。それでおしまいでした。わたしはそういうたぐいのストレスや試練には耐えられないんです。結局、しばらくのあいだ書店で仕事をすることにしました。どこかの入社試験を受けて不合格になるよりも、その仕事をしている方がましだったから。修士号をとったことで、自分にもできるってことを証明できましたし。

母親に自信を徹底的につぶされたせいで、シャロンは面接になるとパニックになってしまった。それは前に進みたくないというしるしだと、彼女は自分を納得させていた。母親の呪文――あなたは役立たずだ――がシャロンの頭の中で何度も再生され、それから逃げるにはスイッチを切るしかなかった。それでシャロンはそうした。

シャロンは母親に植えつけられた、自分が役立たずだという思いに屈し、それに人生を支配されてしまったのだ。

「悪い母親」がかつていい母親だったとき

重度のナルシストの母親が不安定であればあるほど、その芝居がかった態度、怒り、優位に立とうという試みは激しくなりがちだ。しかし、望みのものを手に入れていたり、自信にあふれていたり、あなたからさしせまった脅威を感じないときには、母親の行動は落ち着いている。彼女は三つのDを必要とせず、批判する必要も感じない。

そうした時期、母親はまったく別人のように見える。はるかに親切で、はるかに頼れる人間に。ナルシストの母親のいい面をめったに目にしない娘もいる。かたや「いい母親」と「悪い母親」のきわだったちがいに悩む娘もいる。なぜなら母親が若いときには、長期間にわたって前向きの子育てをしたかもしれないからだ。これはよく見られるパターンだ。人生にストレスがほとんどなく、幼い娘から賞賛をたっぷり捧げられているナルシストの母親は、娘を自分の世界に引き入れ、教師と偶像としての役割を楽しむことができる。しかし娘が大きくなるにつれ、母親は娘をライバルとみなすようになり、批判、競争、嫉妬が生まれ、大人になってもそれはずっと継続していく。娘が女性として花開くと、追い抜かれるという不安にしじゅうつきまとわれるようになり、この章でナルシストの母親の例として見てきたような行動が習慣になるのだ。

一方、娘たちの方は「いい母親」の記憶に苛まれるようになる。そういう母親はもはや存在しないので、母親の気まぐれな愛情を永続的なものにすることも、かつては二人のあいだにあった親密さをとり戻すことも不可能だからだ。

ジャン――かつては母の娘、今は母のライバル

ジャンは三十三歳の女優で、コマーシャルと単発の女優の仕事、それに父親のささやかな遺産で生活している。アッシュブロンドのとてもきれいな若い女性だが、大きなグリーンの目の下にクマができていることに、いやでも気づいた。わたしの前にすわるとブレスレットをしばらくいじっていた。略歴を聞いてから、どういう助けが必要なのかと質問した。

ジャン　まずいことになってるんです。初めてのブレイクのチャンスをつかみ、ドラマシリーズで準主役をやることになって。でも、心配で心配でたまらなくて、落ち着こうとして食べてばかりなんです。もう三・五キロも増えました。爪なんて噛んでばかりでなくなっちゃいました。夜も眠れません。監督に体重を落とすように命じられました。友人のアナには自分で自分をだめにしているのよ、と叱られました。冷静さをとり戻さなくちゃならないんです。

あきらかに自己破壊が起きつつあり、食い止めねばならなかった。あなたを追いつめている恐怖と考えにしぼって、今感じている不安を説明してほしい、と頼んだ。それはどういうものなのか？

ジャン　こう言われている気がするんです。「自分を誰だと思っているの？　あなたはそれほどきれいじゃない。太ってどの服も着られなくなったら、もうおしまいね。この仕事をしくじるでしょうよ」

心の中のこうした批判的な意見は、女性の頭の中の真実の声としてわきでてくるわけではない。親しい誰かにしじゅう批判をされているのかとたずねると、すぐに答えが返ってきた。

ジャン　ええ……母はあまり味方になってくれません。母を一度、リハーサルに招待したことがあるんです——楽しめると思ったから。リハーサルが終わると、どう思ったかたずねました。すると母はいいお芝居になりそうね、と言いました。それからわたしを見てこう続けたんです。「ねえ、ハニー、あなたの気持ちを傷つけたくはないんだけど、あなたはメリル・ストリープとはほど遠いわ」ひどい言い方ですよね。でも、最近はそういうことをしょっちゅう口にするんです。子どもの頃はとてもやさしかったんですけど。そもそも、女優になったらと勧めてくれたのは母なんです。七つか八つの頃、よくお芝居を観に連れていってくれました。子ども向けのお芝居だけじゃなくて大人向けのものも。おかげで、わたしは演じることにあこがれるようになりました。あの頃は本当にすてきな日々でした。母は自分の愛するものをわたしと分かち合おうとしてくれ、わたしはとても幸せでした。若い頃、母もちょっと芝居をかじったんです。わたしは母みたいになりたいと思いました。母にあこがれていました。でも母は変わったんです。わたしが大きくになるにつれて……まるで母を失ったみたいでした。

多くのクライアントが、幼い頃に母親とすばらしい時間を過ごした思い出を語ってくれる。ハグや笑いにあふれた日々。やがて彼女たちが思春期に入ると、そうした日々はいきなり終わりを告げ、とまどわせられるのだ。それは衝撃的な方向転換だった。しばらくのあいだ愛情深い母親がいたのに、ふと気づくといなくなっているのだから。自分は母を失うようなことを何かしでかしたのだろうか、と首をかしげるかもしれない。実際にはごく単純なことだ。あなたが内気な胸がぺったんこの少女ではなくなり、大人の女性として母親の脅威になったのだ。

話しているうちに、ジャンは母親との関係の変化をハイスクール時代にまでさかのぼれることを発見した。

ジャン　母はわたしの友だちや初めてのボーイフレドたちと親しくなりたがったんです。お母さんとしてではなく。母はみんながやって来る前に口紅を塗り、キッチンでずっといっしょに過ごすようになりました。まるで彼らが母の友だちであるかのようにふるまったんです。そのうち、わたしをネタに嫌味な冗談を言うようになって。まるでそこにいるのが母の友だちで、娘といっしょに過ごさなくちゃいけなくて申し訳ないわ、みたいな口ぶりでした。もっと大人になると、わたしはデート相手に家に迎えに来てもらうのをためらいました。母がやたらに媚びを売るからです。母は胸元の大きく開いたブラウスを着て、わたしのボーイフレンドに体をくっつけるようにして立ち、香水をプンプンさせていました。わたしがキッチンでボーイフレンドのためにコーヒーを淹れていると、母はこうささやいたんです。「彼、本当はわたしと出かけたいんだと思うわ」

いきなり母と娘のあいだの境界線と役割があいまいになり、混乱してしまった。競争心の強い母親がリングに上がり、ボクシンググローブをつけたからだ。ジャンは自分が大きくなるにつれ、母親のライバル心が激しくなったと語った。

ジャン　十七歳の頃にこんなことがありました。今から思えば、わたしはかわいかったし頭もよかったんですけど、とても不安定でした。熱を上げていた男の子と別れたばかりで、しょげていた時期だったんです。ちょうど観光牧場に家族旅行で出かけ、うんざりするような休暇を過ごしていました。わたしは馬になんてまったく乗れなかったのに。ある日両親と妹がハイキングに出かけたがったので、わたしもいっしょに行きました。場をしらけさせたくなかったので。みじめな気分で、そこらじゅうを歩き回りました。バンガローに戻ってきて落ち込んだ気分でポーチにすわりこんでいると、母がやって来て、階段に並んで腰をおろしました。母はやさしげな表情を浮かべていたので、「わたしがとても傷ついていることに気づいているのね。何か慰めになることを言ってくれるつもりなんだわ」と思いました。でも、少しすると母はため息をついてこう言ったんです。「ねえ、はっきり言うわ。あなたはわたしみたいに運動神経がよくないし、わたしみたいに馬に乗れない。わたしみたいな女性には絶対になれないのよ」

どうしたらそんな言葉が出てくるのだろう？　ジャンの母親パムは結婚生活に不満を持っていて、若い頃の女優になりたいという野心は挫折していた。そこで傷ついているジャンを攻撃できる機会を利用したのだ。そうすれば、一瞬でも自分の優位を感じられるし、自分自身の不安定さを和らげることができるから。

ジャンは、そのできごとに打ちのめされた。慰められ愛されたいときに母親に競争心をむきだしにされた娘は、みんなそういうつらい思いを味わっている。

ジャン　わたしはとても傷つき、混乱しました。自分に問いかけました。「わたしが何を言ったの？　何をしたの？　何がまずかったの？　どうして母はもうわたしを愛していないの？」あの母の言葉。いまだに耳に甦ります。体を小さく丸めて、消えてしまいたいと思いました。

ジャンは演じることを追い求め続けた。最初は学校の芝居で、次に地域の劇場で、そしてテレビの小さな仕事で。当然、母親は喜び、ほめてくれるはずだった。しかし、母親の反応はほぼいつも同じだった。励ましではなく、批判とため息。「せりふを直してあげたいけど、どもるのにはもう我慢できないわ。それにわたし譲りの記憶力があると思っていたけど、どうやらちがったみたいね……」言わんとすることはあきらかだった。何をやっても、わたしの方がうまくやれるのよ。

ジャン　あなたは絶対にわたしの期待に応えられないわ、と母はほのめかしていたんです。本当に傷つきました。だって、女優の仕事は母に共感してもらえるものだと思っていたから。頭がぐちゃぐちゃになりました。母は女優になりたいという大きな望みをわたしに抱かせておいて、わたしが実際にそれを実現すると、気に入らないみたいでした。母に挑戦しているわけでもないのに。ずっとこんなふうなんです。

競争しないではいられない気持ちの下にあるもの――むなしさ

健全で満たされている女性は思春期の娘とボーイフレンドをとりあうことはない。また、情熱というものを初めて経験し、あこがれの女性になるために、そろそろと足を踏みだそうとしている娘の巣立ちをつぶしたりはしない。人生でもっとも傷つきやすく自意識が芽生える時期の娘を目の当たりにし、自分の不器用だった時代を思いだして手助けしてあげようと思うだろう。

ジャンの母のようにナルシストの母親は共感を抱くことができない。それは不安定さのせいだけではない。心の奥にひどい欠乏感、飽くことを知らない飢餓感がいすわっていて、決して充分だと感じることができないからだ。他人が——たとえ自分の娘でも——何かを手に入れると、それが自分の心が満たされる邪魔になると信じているのだ。さながらアジアで口承されている「餓鬼」のようだ。巨大な胃袋を持っているが、小さな口と細い喉しかないので常に空腹感に苛まれているお化けだ。それはこうした母親の決して満足することのない渇望をよく表している。手に入れられるものなら、なんでも貪欲につかみとる。男、お金、尊敬、愛情。あなたが競争相手だと感じると、常にあなたによって渇望が刺激されるのだ。

この「充分じゃない」というゆがんだ感覚はどこから生じているのか？　母親自身が大人になる過程での競争と、競争によって生まれる精神的飢餓感からだろう。母親にも競争心の強い母がいたのかもしれない。自分が何かを手に入れたら、母に欠乏感を味わわせてしまう、あるいは母と争うことになる、というとまどった気持ちを抱えながら成長したのかもしれない。きょうだい間で激しい争いがある家庭で育ったのかもしれない。愛情やおいしいお菓子を手に入れるために、兄弟姉妹、いとこ、親類と争わなくてはならなかったのかもしれない。

この欠乏感から生じるむなしさと恐怖は、たいてい自信たっぷりの外見の下に隠されている。そしてナルシストの典型的な理屈づけ「わたしはすぐれているから、これを手に入れても当然なのよ」によって、ほしいものを何が何でも手に入れるのだ。いや、正確に言うと「わたしはすぐれていると感じたいから、これを手に入れても当然なのよ」という主張なのだ。ただし、こういう母親は自分の動機を検証したり、その前提に疑問を持ったりすることはまずありえない。

母親があなたの成功をけなすことに対処する

ジャンのような娘は大人になると、母親が励ましと支えの代わりに与えるあら探しと嫉妬に向き合うことになる。幼いときはほめられて幸せだったが、大きくなるにつれて、けなす言葉ばかりが口にされるようになる。そして「やってみればいいわ。だけど、希望は持たない方がいいわね。あなたにはそれほど能力がないんだから」という態度を母親はとるようになっていくのだ。

ジャン　初めてコマーシャルの仕事をもらったときのことは忘れないでしょう。とっても興奮して、誰彼かまわずそのことをしゃべりました。ただ、そのニュースを知らせるために母をディナーに招く、という失敗をしてしまったんです。報告したとたん、母は言いました。「それはすばらしいわね。でも、あまり期待しない方がいいわよ。あなたはさほどフォトジェニックじゃないから」母に悪い印象を持ってもらいたくないんですけど――母にはいいところもあるんです。カメラ写りが悪いという意見を口にして、それがわたしの頭に染みこむのを待ってから、ころっと態度を変えてこう言いましたから。「だけど、服でどうにかなるわよ」母は車のキーをとりだして立ち上がりました。「ブティックであなたのグリーンの目をひきたてる色のセーターを見つけたの。それを着れば、きっと注目されるわよ」そして、すてきな服を買ってくれたんです。母がどういう気持ちなのか、よくわかりません。

傷つけるような言葉や中傷を口にするくせに、ナルシストの母親は、あなたが求めているものを手に入れることを望んでいるようにも見える。プレゼントには刺のある言葉「服でどうにかなる」が添えられるが、それはあなたが幼かったときに楽しんだ教師兼偶像の役割に戻りたいからなのだ。そして少なくとも一時的に、母親はあなたのまばゆい成功のおこぼれを味わっている。わたしは母親なのだから、娘の成功は多少とも——いや大部分が——わたしの手柄なのよ！　あなたの成功は、若くて魅力的で才能があるという母親の夢想を投影できるスクリーンなのだ。

スーザン　あなたはお母さんから矛盾したメッセージを受けとっているようね。たとえば「あなたがそれを手に入れるのを手伝うわ。そうすればあなたがしていることをわたしも疑似体験できるから。でも、お願いだから失敗するか、わたしの方を目立たせてちょうだい。そうすればわたしはいい気分でいられるでしょ」というような。

ジャン　ええ、そのとおりです、まさに母はそんなふうなんです。母がわたしのやっていることにあこがれているのはまちがいありません。だから、わたしが成功するように手を貸したがっています。わたしにアドバイスするのはとてもすてきなことで、わくわくすると思っているみたいですね。でも同時に、わたしが成功するのも、わたしだけですばらしいひとときを味わうことも嫌なんです。自分が負け犬のような気になるからだと思います。おかしな話ですね。母はわたしをこきおろしておきながら、わたしに嫉妬しているんです。

ジャンは母親が気まぐれに気前のいいプレゼントをしてくれたことで、仕事をする上で自滅的な迷いを覚えた。オーディションでうまくやれたら、高価な服を買ってくれた母親を喜ばせるだろう。そういう母親は若いときにジャンを励ましてくれたいい母親のように思える。しかし、ジャンが本当に成功したら、母親の嫉妬のスイッチが入り、しっぺ返しを食らうにちがいない。ナルシストの母親ともう一度親密になろうとする大人になった娘は、しばしばそんなふうに迷う。その迷いは合理的ではなく、たいていの場合、無意識だ。成功はしたい、でもよくわからない力によって引き戻されたい、という矛盾した気持ちが、あなたの胸の中で渦巻いているだろう。それはたいていの場合、大きな罪悪感である。あなたは、ほしいものは求めることができない、求めるべきではないと母親に教えこまれてきた。さらにもっとも重要な教訓もたたきこまれたのだ。「母親よりも目立ってはならない」

彼女はあなたの家族間のライバル意識やあなたの嫉妬心をかきたてる

母親の激しい嫉妬にさらされて大きくなった結果、娘まで嫉妬深くなることがよく見られる。母親が他人の持っているものに対して激しい渇望を抱いていると、娘はそれを吸収し、こっそり渡された嫉妬のバトンを手にしてしまうのだ。

ジャン　わたしは十四歳のときから男の子に夢中でした。家から出るために男の子を利用したんだと思います。男の子とのつきあいを通して自分自身を発見することができたんじゃないかしら。でも自分にボーイフレンドがいないときに友だちにはいると、腹が立って落ち込みました。わたしがほしくてたまらないものを、よくも手に入れたものね、って感じるんです。わたしに恋人がいなくて友人に恋人がいるときは、いまだにそんな気持ちになります。

母親は今でもジャンと他の人を比べることで嫉妬の炎をあおった。

ジャン　母は新聞や雑誌に載った他の女性の結婚や成功についての記事の切り抜きをよく送ってくるんです。さもなければ電話してきて、「いとこのエミーについて聞いた？　新しいボーイフレンドが南フランスに三週間連れていってくれるんですってよ……」とか言うんです。わたしはそんな話はしたくないので、「それはよかったわね」と答えて、それで話を打ち切ろうとします。すると母は「まったくね……あなたはそういう相手を見つけられないの？」って返すんです。わたしはものすごく嫌な気分になり、もう、いとこの幸運をねたむ気持ちしかわいてきません。そういう気持ちを抱くのは嫌でたまらないんですけど。

母親の言わんとすることはあきらかだ。参加していることも知らなかったレースで、あなたは負けたのよ、と言いたいのだ。あなたはいとこほどきれいでも、セクシーでもないのよ。まったく何やってるの？　兄弟や姉妹がいたら、競争意識の強い母親は、子どもたちがお互いにライバル心を燃やすように仕向けるかもしれない。それによって、自分が仕掛けた戦いの勝者を支配しているという優越感に浸れるからだ。

母親の気まぐれによって、ある子はお気に入りに、別の子は一家のスケープゴートになるかもしれない。もしあなたがたびたびスケープゴートの役割を振られていても、突然、母親のお気に入りになることもありうる。ただし幼いときだけだが。でも何かが――あなたの輝き、微笑、聖歌隊での独唱――が母親に脅威を与えると、すぐに母のお気に入りの役は別の兄弟姉妹に割り当てられるだろう。

あなたと兄弟姉妹が成長するにつれ、母親は金や贈り物や遺産を与えたり出し惜しみしたりすることで、家族の忠誠という戦いにあなたをひきずりこもうとする。この戦いは母親の喪失感に根ざしたたものだ。あなたとその兄弟姉妹を操っている母親は、自分自身がかつて兄弟姉妹とやりとりした行動を再現している可能性が高い。しかし、今はお互いに嫉妬しあっているのは自分の子どもたちなので、母親は争いに加わらず超然としていられる。今回は彼女が勝利をおさめるのだ。

あなたは決して母親を満足させられない

こうしたことにもかかわらず、ナルシストの母親を持つ大人の娘は、母親との関係を修復できるかもしれないという期待にしがみつく。母親はもっと愛情深くなってくれるかもしれないと。あなたは母が娘の幸福を気にかけていると信じたがっている。そして、その願いが非常に強いことは、あなた自身にとっても意外なほどなのだ。

ジャン　このあいだ母の家に行ったんです。ランチのあとで、リネンクロゼットに古いアルバムを見つけたと母が言いだしました。母がコーヒーテーブルの上にアルバムを置いたので、二人でめくっていきました。小さな頃のわたしの写真がいっぱいありました。何枚かはニューヨークに旅行したときの写真でした。久しぶりにそうした写真を見ました。長いあいだ写真を見ているうちに、たくさんの思い出が甦ってきました。信じられないことに、わたしはあの当時の母を恋しがっていたんです。母を幸せにできたらいいのにと、ただそれだけを願っているんです。

残念ながら、それはまずありえない、とわたしは申し上げた。ナルシストの母親を満足させることはほぼ不可能なのだ。

娘はその事実を受け入れることを拒み、母親の完璧な言葉と完璧な行動を期待し続ける。そして、本物の愛情や感謝を表さない母親から、「ありがとう」や「愛してるわ」という言葉を聞こうとする。この章の最初で紹介したメロドラマの主人公みたいな母親を持ったデーナは、以下のような苦々しい話を語ってくれた。

デーナ　母の六十五歳の誕生日にパーティーをすることにしました。わたしはとても特別なパーティーにするつもりでした。母は注目の的になれて、さぞかし喜ぶだろうと思って、親戚と母の友人たちを招きました。

数日かけて、母にぴったりのプレゼントを探しました。母はアジアのアンティークが好きだったのです。ようやく中国の古い優美な彫像を見つけました。それを買うには貯金をはたかなくちゃなりませんでしたが、かまわないわ、と思ったんです。でも母が包みを開けたとたん、その表情からプレゼントが気に入らなかったとわかりました。母はその気持ちを隠そうともしませんでした。みんなが帰ったあとで、わたしはひどく落ち込みました。翌朝、母は電話をしてきました。当然、お礼を言ってくれるものと期待しました――とってもすてきなパーティーでしたから――だけど、「おはよう、元気？」とも言わずに、開口一番、母はこう言ったんです。「どうしてみんなにわたしの年を教えたの？　知らなかった人も来ていたのよ。わざと、わたしに恥をかかせようとしたんでしょ？」

わたしは泣きたい気持ちでした。わたしは何をやってもほめてもらえないんです。

純粋に善意からの行動や言葉も、ナルシストの自己中心的なレンズと、よく見えたいという貪欲さによってゆがめられてしまいかねない。自分に恥をかかせ、おとしめる意図があったと何かの拍子に感じると、母親はあなたを疑い、責めるだろう。自己中心主義と偏執症の関係はまだ充分に研究されていないが、ナルシストがあなたの親切な行動を意図的に自分を辱めるものだと解釈するなら、そのふたつには関連性があると言えるだろう。

見たとおりのものが結果に反映される

ＮＰＤの母親は、あなたといっしょにセラピーに行くといって期待をかきたてるかもしれない。しかし、セラピーを受けてもはかばかしい改善は見られない。変化するために不可欠のふたつの要素を持ち合わせていないからだ――自己認識力と自己反省能力だ。そのためカウンセリングはただの茶番劇になってしまうだろう。関心とお世辞を貪欲に求めているのに、それがかなえられないことを誰かのせいにできる限り、母親は自分自身の毒になる行動の責任を巧みにかわすことができる。彼女たちはそれに長けている。そうしていれば気分がよくなるし、変わる理由もないからだ。

こうした母親たちは根深い人格障害にとらえられている。だからその行動はその場限りではなく、彼女たちの中核となるものだ。

このつらい領域を検証していくときに、あなたの中核は母親のそれとはちがうことを、どうか忘れないでほしい。母親から与えられた毒になる行動や長いあいだ抱えている苦しみは、永遠の負の遺産ではない。この本を通して思いだしていただきたいのは、母親に言われたことにもかかわらず、あなたは健全な人間だということ。あなたは変わることができるのだ。

三章　過剰に関わってくる母親

「あなたはわたしの人生よ」

おそらく人道的な組織「国境なき医師団」のことは耳にしたことがあるだろう。この章で出会う、はるかに気高さに欠ける女性たちは「国境なき母親たち」だ。過剰に関わる母親は、娘が自分の相談相手になり、自分の存在を意味あるものにし、自分の代わりに刺激的経験をすることを期待している。あなたは彼女のすべてなのだ。

ときには、あらゆる年代の娘が、過剰に関わる母親との親密さを求めているように思えることもある。母と娘は暖かい関係で、母親はあなたのことも、あなたの成し遂げたことも、心から賞賛している。しかし、幼いときにすでに発見しただろうが、母親の「親密さ」は息苦しく、侵略的で、一方的だ——あなたが心地よかろうがよくなかろうが、母親はそれを要求する。子離れできない究極の母親はあなたにべったりくっつき、あなたの計画を自分のものにし、あなたの世界のど真ん中にいすわり、自分は愛情たっぷりにふるまっていると信じているのだ。やがてあなたが成長し、あなた一人だけで予定を立て、自分だけでやりたいことがあると母親に告げると、確実に一悶着起きるだろう。

愛情のないすべての母親と同じく、彼女は自分を優先する。あなたが独立して暮らしていても、あくまで自分の小さな娘のままでいてほしい、自分と一心同体でいてほしいと思っている。彼女は約束やほうびを差しだすものの、あなたが自立していることを証明すると、それらをひっこめてしまう。そして、あなたが母親の願いや求めに応じようとしないと、罪悪感を覚えさせることであなたを操ろうとする。

トリシュ――いかにして絆が束縛に変わったか

二十六歳の補助教員のトリシュは、最初の子どもが生まれたあと家族のあいだに強い緊張関係ができたことに悩んで、わたしを訪ねてきた。

トリシュ　しばらく前から、母に少し距離を置いてほしいと思っているんです。どんな計画を立てても、母がいつも行動をともにしたがるので、夫のダグは文句を言っています。わたしはそういう母に慣れてますけど――よかれ悪しかれ、わたしたちはいつもいっしょでした。でも娘のリリーが生まれてから……認めたくないんですけど、夫の言うとおりなんです。母は常軌を逸してしまって。

わたしはトリシュに例をあげてくれるように言った。

トリシュ　出産の日、わたしは分娩室に入りました。ダグだけに付き添ってほしかったので、わたしの両親には待合室にいてほしいと彼に伝えてもらいました。そうしたら母はひどく腹を立てて、自分もいっしょに分娩室に入ると言いだしたんです。ダグはとても丁重に、でもきっぱりと、それは遠慮願いたいと断りました。分娩室のドアにはベルがついていて、ぞっとすることに母はそれを二分おきに鳴らし続けたんです。看護師がドアを開けると、母は中に入れてほしいと訴えました。妊婦さんは誰も入れたくないと言っていると看護師が伝えると、母は泣きだしました。「どうしても娘といっしょにいたいのよ」母は言い続けたんです。「かわいい娘がわたしを必要としているの」看護師はドアを閉めましたが、母はベルを鳴らし続けました。夫はとうとうドアのところに行って、力ずくで母を止めました。母はどうしてもわたしを放っておけなかったのです。それはいいことのように聞こえるかもしれませんね。でも、わたしは母にいてもらいたくなかった。ダグだけに付き添ってほしかったんです。そのできごとにダグはとても腹を立てたし、母はわたしと口をきこうとしないし、とてもうしろめたい気持ちがしています。

プレッシャー、緊張、罪悪感はすべてトリシュにとってなじみのあるものだった。母親のジャニスはトリシュを妊娠したとき看護学校の学生で、出産のために退学した。「母はわたしのためにすべてをあきらめたんです」とトリシュはよくある家族の歴史を語った。結婚に失望し、キャリアもあきらめ、ジャニスは自分の中に深い虚無感を覚えた。でもジャニスにはまだ娘がいた。娘のトリシュは母親の相談相手であり親友であり、さらには存在意義になったのだった。

トリシュ　八つのとき、地下鉄に乗っていたときのできごとはよく覚えています。母と映画を見た帰りでした。母はわたしの肩を抱いて、こう言いました。「あなたはわたしの親友よ。とっても頭がいいし、すばらしい相棒だわ。お父さんとの仲はとても不幸なの」わたしはとても誇らしく感じました。でも、居心地悪く感じる部分もあったんです。八つのときに、母親の親友にはなりたくないですよね。両親には仲良くしてほしいし、母には母で友人を作ってもらいたい。母の小さな娘という存在だけでいたかったんです。

母親の結婚生活にはいつも問題があった、とトリシュは語った。母のジャニスは自分を妊娠させた青年と結婚したが、二人は似合いの夫婦ではなかった。父親は結婚後まもなく夜遊びをして浮気をするようになり、家庭内の雰囲気は殺伐としていた。ジャニスは別の場所に心のよりどころを見つけなくてはならなかった。そしてその代償をすべてトリシュに求めたのだ。

そこでジャニスは一見したところ愛情らしきもので幼い娘をくるみこみ、他の誰よりも娘といっしょに過ごしたいと口にした。でもわずか八つでも、トリシュはどこかまちがっていると感じたのだ。

ジャニスのような母親は娘が幼いときは献身的で、「わたしのベビー」（いくつになっても娘をそう呼ぶことが多い）に失望や苦労は絶対に味わわせまいと決意している。彼女は娘がいい成績をとったり、誕生パーティーに呼ばれたり、みんながうらやむステイタスを手に入れられるように必死になるだろう。その行動のどれひとつとして、愛情が欠如しているようには見えない。しかし娘が母親から離れ、自分自身の願いを表明するようになるやいなや、母親の行動は度を越しているように見えはじめる。そのとき初めて母親が親密さ、愛情、絆だと信じているものが、実は手の込んだ束縛の形だとあきらかになるのだ。

健全な関係では、母と娘の絆には柔軟性があり、距離やいさかいやちがい――意見、感情、要求、望みのちがい――に耐えられる順応性がある。娘が「魔の二歳」のときに「ノー！」という言葉で初めてその絆を揺るがし、母親に自分の権利を主張し反抗しても、今後も母親との絆が存在すると信じられるのが理想だ。

成長するにつれ、娘はますます世の中に一人で踏みだしていき、つまずいたり、過ちを犯したりする。そして幸運なら、愚かなことや反抗的なことをしたあとでも、母親は戻ってこられる避難港でいてくれるだろう。自分が何者かを知ろうとして娘が限界に挑戦し、男の子という異質の生き物について学ぼうとし、どういう女性になろうか手探りしている十代の時期には、これはよくあることだ。ときに母と娘の愛情あふれる関係にはほころびができ、ぐらつき、荒れ狂うかもしれないが、その底にはしっかりと娘を受け止める気持ちが存在している。それが娘に成長し、変化し、別の人格になろうとする勇気を与えるのだ。

娘に過剰に関わる母親は、一切そういうことを考えない。たいていの場合、母親であることを自分自身のすべての存在意義と存在価値として考えているばかりか、孤独の恐怖をなだめるのにも利用している。パートナーや友人や仕事を持っている母親もいるが、そのすべてよりも、自分を必要とし依存してくれる娘の母親としての役割の方がまさるのだ。こうした母親が求める「親密さ」はあまりにも完全に娘をくるみこむので、二人は一心同体になってしまっている。

過剰に関わる母親は自分の幸福の責任をあなたに負わせ、自立した人生を築くことをあなたに教える代わりに、あなたに感情的な手枷をはめる。そして絶対にあなたを手放そうとしないのだ。

独立は許されない

過剰に関わる母親は、娘が自立するために必要なごくありふれたプロセスを喪失と裏切りとみなす。したがって、あなたが成長し離れて行こうとすると、必死になって引き戻そうとする。

娘が自宅から離れた大学へ引っ越すというようなよくあるできごとが、しばしば空の巣症候群のような精神状態を引き起こす。トリシュがハイスクールを卒業したとき、いや、そのずっと前から、母親のジャニスにはもっといい人生の選択肢がたくさんあった。学校に戻って勉強し直し、天職につくこともできたし、夫と自分のために結婚カウンセリングを受けることもできた。しかしこのときまでにジャニスは自分のむなしさを娘に埋めてもらうことに慣れきっていたので、そこだけにエネルギーを注ぎ続けたのだ。

トリシュ　大学に行くために家を出たときは、本当に恥ずかしい思いをしました。母はわたしが別の州の大学に行きたがったことで、大げさに騒ぎ立てたんです。ただ、そのことでわたしと言い争うのをやめたのは、母の姉が大学のある町に住んでいたので、姉を訪ねるという口実でわたしの様子を見に来ることができたからです。母は「ちょっと寄るわ」と言っては頻繁に会いに来たし、しょっちゅう電話をかけてきました。遅く家に帰ると、よく電話が鳴っていたものです。たいてい母からで、最近したデートについて根掘り葉掘り訊かれました。当時、携帯電話がなくてよかったわ。今、母の携帯はドラッグみたいなものです――ひっきりなしに電話やメールがあり、スカイプをしたがります。とりわけ赤ちゃんが生まれてからは。こんなことを言うのは悪いけど、母はわたしのポケットにもぐりこんで、スパイしているような気がします。いわばママＧＰＳですね――母はいつもわたしの居場所を知っているんですよ。

トリシュの母親のような女性はよくこんなふうに口にする。「こういう経験を共有できてとてもうれしいわ」とか「あなたのために役に立ててうれしいわ」と。しかし、自分の存在が歓迎されているか、とは絶対にたずねない。母親は、自分と娘のために巧みに築き上げた息のつまるような貧しい関

係を、他の娘たちがうらやむような「特別な贈り物」ととらえている

かたや娘は母親を自分の人生の中心にすえ、母親を喜ばせ続けることが自分の務めだと考えているのだ。

ステイシー――母の贈り物に束縛されている

過剰な関わりは息がつまるが、いらだたしいことに、それが愛情のように感じられるときもある。少なくとも短期間は。あなたが非常に困っているとき、過剰に関わる母親は金、手段、経験を提供してくれるかもしれない。それは神の恵みのように感じられるだろう。

しかし、常に罠がある。

母親の贈り物はときには非常に気前のいいもので、当然母親に対して感謝の念を覚えるだろう。しかし、自由を奪いかねない従属関係も生じる。あなたに独立独歩の人生を歩ませないことで、母親は自分をなくてはならない存在にするのだ。それによって母親は強引にあなたの人生に割りこみ、支配する自由を手に入れる。

三十七歳のスポーツウーマンのステイシーは、最近小さな建設会社の経営者と結婚して、夫のブレントのオフィスで仕事を手伝っていた。母親ビヴァリーがひっきりなしに夫婦の暮らしに介入してくるせいで夫に最後通牒を突きつけられた、と言ってステイシーはわたしを訪ねてきた。彼女は困惑していた。なぜなら母親は二人をとても助けてくれていたからだ。不況で建設会社の経営は苦しく、夫婦は二人の子どものために経済的安定を必要としていた。子どもというのはステイシーが前の結婚でもうけた八歳の息子と六歳の娘だ。ステイシーはどうあっても夫との不和を避けたいと思っていた。

ステイシー　自分か母かどちらかを選ばなくちゃならないと夫に言われたんです。二人の女性と結婚することになるとは思っていなかったって！　わたしを心から愛しているし、離婚もしたくないけれど、母のせいで頭がおかしくなりそうだ、母がいっしょだとわたしが存在感を失い、おどおどしていることに、もう耐えられないと夫は言うんです。ひどく腹を立て憤慨している自分自身にも耐えられないと。わたしは二人とも愛していますけど、板挟みになっています。

どうしてそういう危機的状況になったのか、とステイシーにたずねた。

ステイシー　母が自宅の隣に家を買ったことで、夫はキレたんじゃないかと思います。母は不動産仲介人をしていて、羽振りがいいんです。隣に購入した家を、とても安い家賃でわたしたちに貸してあげようと言ってくれました。わたしたち夫婦はいっしょに暮らしはじめたばかりで、ブレントの会社とわたしの仕事の収入では、月々の生活費にぎりぎり足りるかどうか。お金に苦労していました。そこに母がとてもすてきな家を買ってくれて、ただ同然で貸してあげると言ってくれたので、わたしは思いました。「よかった！」おまけに母は「お料理を手伝ってあげるし、子どもたちが学校から帰ったときにわたしが家にいられれば、シッター代が節約出来るわよ」と言って、わたしたちをすっかりその気にさせました。そのときはすてきな考えに思えたんです。それに、わたしたちと隣同士に住めば、母は寂しくないでしょう。数年前に母は離婚していたし、兄や弟は別の州でずっと暮らしていましたから。子どもたちとブレントとわたしだけが、彼女にとっては家族でした。

引退したあと、母が暇をもてあましていたのは知っていました……ウィンウィンの提案だと思ったんです……母は喜ぶし、わたしたちはひと息つけます。ブレントは母の隣に住む考えに強硬に反対しました。でも、わたしが必死に頼んだので折れてくれたんです。

そういうふうに二世代が密接に暮らすことはあまりいい考えとは言えないが、ビヴァリーが娘夫婦のプライバシーを尊重し、家族だけの時間を必要としていることを理解していれば、うまくいく可能性はあっただろう。しかし、彼女は正反対の行動をとった。

ステイシー　母はずっとわたしたちの家にいたんです。とても手助けしてくれているので、礼儀正しくしようとしたんですけど、常にわたしたち夫婦といっしょに行動しようとしたんです。家族でディナーに行ったときに母を招かないと、何時間もだんまりを決めこみました。わたしたちが仕事で留守をしているときに母が家に入れるように、家の鍵を預けていました。でも、いつも勝手に入ってくるんです。昼でも夜でも。「こんにちは～、誰かいる？　今夜テレビでおもしろい映画をやるので、あなたたちといっしょに見たいと思って……」という声を聞くたびに、わたしはげんなりしました。ほぼ毎晩、母は遅くなるまで自分の家に帰りませんでした。そのときにはわたしたちはもうへとへとで、ベッドに倒れこむだけでした。結婚してまだ二年そこそこなのに、わたしたちのセックスライフはめちゃくちゃになったんです。

ステイシーはついに低家賃と食事と子どもの世話が、実は非常に高くついていることに気づきはじめた。ビヴァリーは娘の家に同居しているも同然で、ブレントとステイシーの結婚は危機に瀕していた。

ビヴァリーはすべての過剰に関わる母親と同じように、ステイシーが自分だけの世界を持ちたがるわけがないと言わんばかりにふるまっていた。母親の重要性を高めることで、ビヴァリーは娘のリビングと結婚生活にずかずかと入りこんだのだ。自分は母親らしいことをしている、ストレスの多い時期に手を貸しているだけだ、とビヴァリーは自分と娘に言い聞かせることができた。たしかに名目は娘の手伝いではあったが、それは娘と常に親密でいたいというビヴァリーの要求を満たすものでもあった。母親に「借り」を作れば作るほど、ステイシーは自立したいという大人の権利を主張することに罪悪感を覚えた。そのためビヴァリーの方は、娘の生活に支配的な場所を占める権利があると、ますます強く思い込むようになったのだ。

「あなたのためにやらせて」という罠

そのような関係は今に始まったことではない。ビヴァリーとステイシーは長年にわたって共依存の関係にあったのだ。

ステイシー　わたしは一家の問題児でした。六年生まではどうにか学校に通ったのですけど、軽度の学習症があるってわかったんです。母はわたしが怠けていると考えていました。ですからわたしにやる気を起こさせようとしたり、学習の役に立つような新しいプログラムを見つけようとしたりしました。いわば、わたしは母のプロジェクトだったんです。母はわたしのためにいろいろやってくれました――ときには宿題まで。とても助けになりましたけど、一人では何もできないかのようにわたしを扱ったんです。でも、スポーツは得意でした。母はできないことばかりに目を向けて、わたしを矯正しようとしました。それは必要なことだとわかっていましたし、母がいてくれたことは感謝しています。でも、母なしでは何もできない気がしたんです。母は「本当にその演劇クラスをとるつもり？　脚本を読まなくちゃならないのよ」というようなことをしじゅう言うんです。自分が馬鹿みたいでした。とうとう教師の一人がテストを受けるべきだと提案し、失読症だとわかりました。わたしは心から安堵しました。それは本当に役に立ちました。でも読むことはできなかったので、何ひとつ自分ではできない人間みたいに、母はわたしに接したんです。母は過保護でした。友人と外出するときに同行したがるんです。ピザを注文するときにメニューを読んでくれたとしても驚かなかったでしょうね。

子どもが苦労しているのを見るのは母親にとってつらいことだし、つい割りこんで、手伝えることを何でもしようとするのは自然なことだ。しかし、健全な関係では、常に自立が目標になっている。母親がさまざまな助力を与えたにもかかわらず、ステイシーはずっと自分が未熟だと感じながら大人になり、持っている力を伸ばすことよりも、自分の弱点にばかり目が向いていた。「わたしは一人ではやれない」という感覚を娘に染みこませていくことで、娘を引き留め、自信に大きな穴を空ける。そして過剰に関わる母親はその穴をいそいそと埋めるのだ。ほとんど気づかないうちに、母親は娘を「救う」ことに誇りを感じ、自分の能力に慢心するあまり、娘を三次元の人間として見られなくなってしまう。ステイシーが気づいたように、娘は母親のプロジェクトになるのだ。そしてステイシーは自分で人生を切り開くことができなくなる。
ステイシーは、ハイスクールを卒業してからほとんど生活に変化がなかった。コミュニティ・カレッジにも母親に説得されて自宅から通学したし、最初の学期で退学すると、さっそく母親の不動産会社に仕事を用意された。母親はステイシーを箱入り娘にし、決して失敗させまいとした。そのせいでステイシーは辛抱して困難を乗り越え、挫折しても立ち上がることをとうとう学べなかったのだ。

ステイシー　母のために仕事をするのに飽きたとき、ようやく自分だけの時間を少し手に入れました。不動産にはまったく興味がなかったし、オープンハウスにお客を連れていくのは、ちっとも楽しくなかったんです。わたしはジムに就職して、パーソナルトレイナーとして働きはじめました。前々からしたかった仕事だったんです。やがてマークというクライアントの一人とつきあうようになりました。で、手短に言うと、わたしたちはあっという間に結婚したんです。ようやく自立できたと思い、とてもうれしかったわ。マークとは共通点がたくさんあったので、しばらくはとてもうまくいってました。でも、タイラーが生まれたあと、問題が出てきたんです。家事をあまり手伝ってくれない、とわたしが言ったことがきっかけでした。彼はわたしを下に見て、しょっちゅうかんしゃくを起こすようになりました。愚かにも、わたしは母にそのことをしゃべったんです。もちろん、母はわたしの味方につき、母に話せば話すほど、マークの視点で物事を見られなくなりました。母は繰り返し言いました。「いいから家に帰っていらっしゃい。そんなことを我慢する必要はないわ」夫婦関係は悪化して、二度、子どもを連れて母の家に帰りました。母は好きなだけいていいと言ってくれ、お金の面でも援助してくれました。二度目のときマークはとても腹を立て、母にもわたしにも、もううんざりだと言い、それっきり関係は修復できませんでした。

結婚が破れ、ビヴァリーは娘を同じ屋根の下にとり戻した。つらい経験だったが、ステイシーは最近再婚し、人生最大の危機を乗り越えたと思っていた。母親は二番目の夫ブレントのことを気に入っているようだったし、家まで提供してくれたので、ステイシーはほっと胸をなでおろしたのだった。しかし、何ひとつ期待どおりにはいかなかった。ひとつには、ブレントが母と娘の共依存関係においてのけ者のように感じたからだ。そしてステイシーは自分の人生でもっとも大切な二人の大人を喜ばせたいという現実に直面し、どうしたらよいか途方に暮れてしまった。過剰に関わる母親を持つ娘はたいていそうなる。母か夫か？　彼女は二人の人間のあいだで引き裂かれるような気がした。

ステイシー　これまで大切な決断の大半は母が気に入るかどうか、喜ぶかどうかによって下してきたんです。さらに、ときには夫よりも母を優先していたことにも気づきました。ともかく最初の結婚ではそうだったし、わたしは二番目の結婚でも崖っぷちに立たされました。

その断崖から遠ざかるのに手を貸すことはできる。でもまず、成長し、自己主張ができる女性にならなくてはならないと、わたしはステイシーに伝えた。母親が過剰に関わっている娘はたいていそうだが、ステイシーも半分子ども、半分大人の女性のアイデンティティのせいで身動きがとれなくなっているのだった。

ローレン――受け入れがたいことを受け入れることを学ぶ

ローレンは最近離婚した四十七歳の株式仲介人で、十代の娘が二人いて、離婚を乗り越えるのがつらいという理由でわたしに会いに来た。シングルマザーとしての新たな重荷もあるし、専門的な仕事のストレスもあるとか。しかし、大半のストレスは別の原因で生じていることがすぐに判明した。長期にわたって、母親がローレンの計画やプライバシーを無視することから生じていたのだ。

ローレン　ウィークデーも不安がありますが、週末になると一気に不安が大きくなります。土曜日は子どもたちの用事をすませてから、たいていデート相手か女友だちとディナーに出かけるんです。問題は日曜なんです……結婚しているときから母は日曜のランチにやって来る習慣があったのですけど、最近はたいていディナーまでいるんです。八ヶ月前に父が癌で亡くなりましたが、母は自分の人生を立て直す努力をほとんどしませんでした。わたしと孫たちのためだけに生きている、と母は言っています。母は正午かっきりにやって来ます。わたし、週末が怖くて。最近は土曜の朝から不安になりはじめているので、母の訪問のせいで週末が楽しめません。母はあれこれ要求を突きつけるので、息苦しくなります。

ローレンに例をあげるように言った。

ローレン　先週の日曜、母はもちろんやって来ました。わたしはロサンゼルス交響楽団のために寄付金集めをするグループに入っています。それで交響楽団が主催する、すてきなイベントに招かれたんです。わたしがランチを作っていると、いつものように母はあちこち調べ回り、わたしのデスクの上の招待状も発見しました。魅力的な男性も来ているかもしれないと思ったので、わたしは一人で行くつもりでした――でも、母が招待状を手にキッチンに入ってきたとたん、やっかいなことになったのを悟りました。

スーザン　待って。お母さんはあなたの持ち物を調べるの？

ローレン　ああ――子どもの頃からずっとそうなんです。もう慣れっこになっています。

母親は二人のあいだに「秘密はない」とずっと主張してきた、とローレンは語った。つまり、ほとんどプライバシーが存在しなかったのだ。

ローレン　どうしてそうなったのかは覚えていませんが、「秘密はない」という言葉をさんざん聞かされました。小さなときは疑問にも思わなかったんです。でも四年生になり、初めての親友と呼べるアナができると大きな問題になりました。わたしたちは互いの家をしょっちゅう行き来して、ある午後ふざけあってクスクス笑っているとき――たしかアナが好きな男の子から手紙をもらったんです――部屋のドアを閉めていたんです。数分後、母がドアを押し開き、幼稚園の先生のような大きな作り声でこう言いました。「ドアを閉めるのは禁止よ、いいですね！」母は部屋に入ってきて、かけていたレコードを調べ、やっていたゲームを点検していきました。それからわたしのベッドにすわり、わたしたちの会話に加わろうとしたんです……とうとう、わたしたちは部屋から逃げだしたくなって自転車に乗ってくると言いました。あとからアナとそのことで笑いあいましたけど、それっきり彼女はうちに来なくなりました。わたしは母の「ドアを閉めるのは禁止よ」に赤ん坊のような気分になりました。母はそういう人なんです……子どもの頃はわたしがお風呂に入っているとき、ちょっとドアを開けたままにして、母が話しかけられるようにさせられました。

ローレンと母親のあいだの境界線は長年あいまいだった。そこで、ずかずかと娘の生活に入りこんでくる母親に対して、「これまでにないこと」をまず導入してみよう、とわたしは提案した。母親は交響楽団の招待状を見つけると、無理やり仲間入りしようとした、とローレンは言った。

ローレン　母は「とてもすてきなパーティーね。お父さんが亡くなってから、こういう楽しい会には全然招かれていないわ。わたしは文化的な人たちと過ごすのが大好きなのよ……お願い、わたしを仲間はずれにしないで」と言うんです。それから「いっしょに行ったら楽しいんじゃない？　ねえ、女同士で」母はわたしの肩に腕を回して「あなたがいてくれて本当に幸運だわ」と言いました。

思わず、一人で行くつもりだと本当のことを口にしてしまいました――デート相手と行くと言えばよかったんですけど、母に嘘をつくのはむずかしいんです。それに、そのときには断るのがうしろめたくて。もっとも、これまで断ったことなんてないんですけどね。それで母といっしょに出かけたんですが、ひどい目にあいました。母はわたしからかたときも離れようとしなかったんです。まるで引き綱をつけられているも同然でした。息が詰まりそうでしたし、母に操られている気がしました。わたしは自立した人生を送れないんです。心から自由になりたいと願っているのに、それができない。わたしのどこが悪いんでしょう、スーザン？

あなたには何も悪いところはない、とわたしはローレンに言った。でも母親との関係が悪いことだらけなのだと。ローレンはこれまで母親に自分の人生を好きにさせてしまったので、今後はそういうことを許さない術を学ばねばならないだろう。

過剰に関わる母親の愛のルール

「親密さ」という言葉で正当化して、過剰に関わる母親はあなたの空間と時間を占領する。あなたがプライバシーの権利について口にしても、彼女はそれを無視するのだ。自分をあなたの「親友」だとみなしているので、あなたのデスクにあるものを勝手に読み、引き出しを調べ、あなたのパーティーに参加し、招かれもしないのに一杯やりに来て、さらには断りもなくあなたの家に入る権利があると考えている。

母親が夫に先立たれたり離婚したりして、悲しみと苦々しさと怒りと屈辱と疎外感を味わっていると、あなたの生活に侵入してくる度合いが高まるかもしれない。孤独をなだめ、社交スケジュールの穴を埋め、パートナーの代理になることをあなたに期待するからだ。

そういう母親は自分の人生とあなたの人生を一体化することで、愛という言葉をねじ曲げているのだ。言葉だけの問題ではない。「愛しているわ」「わたしたちはとても親密よね」「あなたはわたしの親友よ」といった言葉の裏の行動を観察すれば、条件と束縛の長いリストが見つかるだろう。それは愛情とはほとんど関係がなく、あなたの独立したアイデンティティを消し去るルールなのだ。

過剰に関わる母親にとって、愛とは以下のような意味だ。

○あなたはわたしのすべてだわ。つまり、わたしの幸福にあなたは責任を負っているのよ。
○わたしなしではあなたは生きられないわ。そして、わたしはあなたなしでは生きられない。
○あなたはわたしと関係のない人生を送ることは許されていない。
○あなたはわたしを愛する以上に誰かを愛することは許されない。
○あなたがわたしの求めているものを求めていないなら、わたしを愛していないということだ。
○「ノー」はわたしを愛していないことを意味している。

彼女があなたに感じている愛情は、あなたにすがりつき執着し束縛するものだ。そして、それこそがあなたが知っている愛なのだ。愛とは支えと励ましと受容と愛情をのびのびとした空間で自由にやりとりすることだと学ぶ代わりに、自分の欲求や望みは抑えつけ、相手が求めているものを与えることで愛を獲得しなくてはならないと教えこまれてきたのだ。

過剰に関わる母親は、あなたとの関係をこの定義以上に進化させようとはしない。役割が変わらず、あなたが成長せず、ずっと彼女の意のままになっていることがきわめて重要なのだ。「これまでどおりにやっていく」ことは母親に安心感、居心地のよさ、責任を与える。だから母親としてのアイデンティティと、あなたの人生における権力ある地位を固める儀式的な行為に執着するのだ。

儀式的行為はそれ自体は必ずしも不健全ではない。感謝祭にターキーを食べたり、定期的に教会に通ったり、重要な機会に家族の集まりを計画するような伝統は、自発的に行われるなら大きな喜びをもたらすだろう。しかし、義務的に、あるいは罪悪感から行われたら、檻の格子のように感じられる。

ローレン　毎晩母に電話して、一日のできごとを報告しなくてはなりませんでした。忙しくて夜の報告を欠くと、母はとてもがっかりして動揺しました。だから報告できない理由をくどくど説明するより、無理にでも連絡した方がずっと楽なんです。それは逃れられない義務のようなものでした……その件で今度こそ母と話し合って制限をもうけよう、と心に誓うのですけど、なぜか気づくと毎晩電話をかけているんです。

こうした儀式によって結ばれている相手にノーと言うことはむずかしい。その絆は母親に抱いている自然な愛だけではなく、恐怖、義務、罪悪感によっても守られているからだ。この三つは過剰に関わる母親にとっては不可欠で、娘たちはよくこんなふうに言う。「母が望んでいることをしないと罪悪感を覚えるの」あるいはローレンのように「逃れられない義務のようなものなの」。

愛とはあらゆる犠牲を払って他人を幸せにすることだとあなたが信じているなら、愛することによって、あなたは自分の望みを放棄することになる。そしてその関係から逃れようとしたら、恐怖、義務感、罪悪感が押し寄せてくるだろう。母親の愛を失うという恐怖。母親を幸せにするために必要なことをしなくてはならないという義務感。それが娘としての役目だから。母親の気持ちを傷つけ、動揺させることをするという罪悪感、本当の気持ちを表明する罪悪感、自分が感じている不満や息苦しさについて口にする罪悪感。

この三つの混合物は、過剰に関わる母親に娘をずっとくっつけておく強力な接着剤なのだ。

過干渉は共依存を生む

この章で出会ったすべての娘が、腹を立てていてフラストレーションがたまり、母親の束縛から逃れたいと語っている。それなのに、何が娘たちを引き留めているのか？　どうして「もうたくさん！」と言わないのか？　何を恐れているのか？

過剰に関わる母親の娘たちは年齢が二十五歳でも三十五歳でも五十五歳でも、精神的にはずっと幼い。実際、うわべの有能な女性と内面の怯えた女の子は、きっぱりと分離されているのだ。女の子はいまだに幼児のような原始的な恐怖にすくみあがっている。お母さんから引き離されたら、お母さんはもうわたしを愛してくれず、そうなったらわたしは生きていけないいんじゃないかしらという恐怖。何度も母親に救われてきた娘は、母親の援助がなくて人生を続けていく自分の能力に不安を感じるという試練に直面しているのだ。

長年母親に依存して過ごしてきたせいで、それがあたりまえになり、娘は自主性と大人としての自分の人生を母親に差しだすという契約書にサインをしたも同然なのだ。娘に健全な部分が残っていると、いらだったり文句を言いたくなったりするだろう。そうなると娘は「お母さんがいなければ生きていけない」と思いこむことで、自分をなだめようとする。母親の反対や失望に直面すると、母親に屈服することしか理にかなった選択肢はないように感じるだろう。

過剰に関わる母親は罪悪感を利用するのが得意だ。いくつもの不当で不快に感じる例を集め、あなたがもっと母親のために尽力しなくてはならない理由として列挙する。しかも、非常に感じのいいやり方でそうするのだ。

「あなたとランチをとるのをとても楽しみにしていたのよ。とてもがっかりしたわ……その映画に行くって言ってくれなかったわね。わたしが見たがっていたのは知っていたくせに」母親は声を荒らげる必要もないし、ときには言葉にする必要すらない――若い頃から、娘は母親の表情や目つきが意味することを読みとる訓練をしてきたからだ。ほしいものを手に入れるのに、母親は恐怖や義務という言葉を使うまでもない。ほとんどの娘は「母親をがっかりさせると最悪の気分になる」という罪悪感を避けるために、何でもしようとするからだ。

母親との気楽な約束をキャンセルしただけで、娘は犯罪者になったような気持ちになるかもしれない。母親は娘が自分の意志を優先することは犯罪だと信じこませるように仕組んできたのだ。したがって娘がブランチをすっぽかしたり、ボーイフレンドと過ごしたり、一人瞑想にふけったりすることは大きな反逆行為なのだ。

母親の網にからめとられているときは、そのことをはっきり認識できない。なぜならあまりにも長期にわたってそういう状態だったので、それがあなたの現実になっているからだ。しかし、ほんの少しでも距離を置けば、あなたの大人の目はその本質を見てとることができるだろう。それはきわめて不健全な欲望のやりとりだということを。

このように息苦しい「共依存関係」では成長も安心も存在しない。そこには精神的な大人ではなく、依存している怯えた子どもしかいないのだ。

過剰に関わる母親がいるなら、あなたは放棄や別離に対して大きな恐怖を抱いているかもしれない。パートナーや子どもに対して、過度に不機嫌になることがあるかもしれない。自分の能力や回復力に自信がなく、引っ込み思案になっているかもしれない。そして母親を喜ばせる方法は正確に知っているが、あなた自身の魂を満足させるためには苦労していることだろう。

四章　コントロールばかりする母親

「だってわたしがそう言ったから」

○あなたがその男と結婚するなら、もうわが家の一員ではないわ。
○あなたがそんな馬鹿げた仕事や引っ越しをするなら、お金は一文も出さないわ。
○子どもをカトリックの学校に行かせないなら、わたしからの助力は一切期待しないで。

これらはあからさまにコントロールしようとする毒を含んだ尊大な言葉だ。あいまいさはみじんもない。過剰に関わる母親がよくするように、「あなたを愛しているわ」という言葉を利用して愛情に見せかけたコントロールではない。こうした露骨なコントロールは独裁的でしばしば不合理だ。母親は娘を見下して、いばりちらす。まさに直接的な命令や警告を与え、従わないと深刻な結果に至る。

子どもが小さいときはコントロールすることも必要だ。子どもは衝動的で人生経験もなく、保護が必要だから。子どもは熱したストーブや交通量の激しい通りという危険を避けることをまだ学んでいないし、ルールや母親の断固たるノーは、教育と指導において大切だ。この段階でのコントロールは子どもを安全に感じさせるばかりか、現実に安全を提供する。しかし、徐々に距離をとって、幼い娘に自分で学ばせることが親として重要な務めだ。母親のコントロールのせいで娘がそうできなくなっているなら、そのコントロールは役に立たないし愛情がこもっていないと言えるだろう。

コントロールばかりしている母親はできるだけ長く——大人になってもずっと——娘をがっちりと

締めつけ、有毒な影響を及ぼす。過剰に関わる母親と同じように、常に娘に依存させるようにして、その依存につけこむのだ。そして、しじゅう「これはあなたのためなのよ」と繰り返す。しかし、実のところ、母親はあなたを意のままにすることで満足感を覚え、母親の人生には欠けている力を感じているのだ。コントロールばかりする母親にとっては、あなたから権力をとりあげておくことが自分の幸せと達成感の鍵なのである。

やっかいなことに、必死になって母親の手から逃れようとしているときでさえ、おそらくあなたは母親のコントロールによって感じている怒りと恨みを心の中に押しこめようとするだろう。さらに自分自身でも、他人をコントロールしたいという強い欲求を感じるかもしれない。あるいは逆に、自分の望みよりも他人の望みを優先しなくてはならないと感じながら、ずっと生きていくかもしれない。どちらも、コントロールばかりする母親に育てられたことによって与えられた傷痕なのである。

カレン——追いつめられ、脅される

ダークブラウンの髪をした二十七歳のデパート店員のカレンは、初めてのカウンセリングにやって来ると、開口一番、とても困ったことになっていると訴えた。最近、カレンは長いあいだつきあっているボーイフレンドにプロポーズされた。しかし、婚約の知らせに、母親のシャーリーンはけんか腰になった。前から嫌っていた婚約者をあしざまに罵ったばかりか、そんな結婚をするつもりならカレンを「勘当する」と言いだしたのだ。カレンは今後の成行きに怯えていると言ったが、母親の過剰な介入とは少し距離をとった方がいいと考えるだけの洞察力はあった。

どういう事情なのか詳細を教えてほしいと言うと、カレンは堰を切ったようにしゃべりはじめた。

カレン　この日が来るのはわかっていました。奇跡的に、本当にすばらしい男性と、この二年間つきあっていましたから。でも母はまったくちがう見方をしていました。ひとつには、ダニエルはラテンアメリカ系で、カトリックだったからです。母はどちらもとんでもないことだと考えているんです。それから彼が小学校で算数を教えていて、サッカーのコーチをしているということも気に入らないみたい。彼は子どもの扱い方がとても上手ですし、上級学位をふたつとったので、教えられる科目の選択肢も増えました。すばらしいでしょう？　でも母は彼のことをけなし、「あなたの体育教師の友だち」と、いかにも軽蔑したように言うんです。母は最初から彼のことを馬鹿にしていました。これまでわたしが好きになった人は一人も母のお眼鏡にかないませんでした。とりわけ「移民」の場合は。母はダニエルのことをそう呼んでいます。

　ダニエルとつきあっているあいだ、母とはできるだけ会わせないようにしてきました。それで波風立てずにすむと思っていたんです。母がひどいことを言ったあとは、いつもダニエルに謝りました。母が「よくあんな人と真剣につきあえるわね」と言いだすと、わたしは話題を変えようとしました。議論してもむだですから。だけど、ダニエルはプロポーズしてくれたあと、ぜひとも母の家に行って指輪を見せようと言いだしたんです。わたしは本当は一人で行きたかった……おかしなことだとはわかってますけど。ともかく二人で行きました。で、最悪の結果になったんです。

　母は礼儀すらわきまえようとしませんでした。指輪もダニエルも彼の家族もけなしました。ダニエルは礼儀正しくしようとしていましたが、しだいに腹を立てはじめました、とうとう、彼はこう言いました。「あなたがそう感じているのは残念です。行こう、ハニー、もう帰ろう」すると母はわたしに向かって、こう言ったんです。「この結婚を押し通すつもりなら、あなたはもうわたしの娘じゃないわ。口先だけだなんて思わないで。あなたは人生をめちゃくちゃにしようとしているのよ、これまでもそうだったけど。わたしに反抗するなら、どうぞそうしなさい。だけど結婚式や何かで、わたしの力を借りなくちゃならないのを忘れないことね」

わたしはショックでした。そして言ったんです。「ごめんなさい、ママ」するとダニエルは傷ついた目でわたしを見て言いました。「信じられないよ。きみは謝ることなんてひとつもないんだ。どうして謝罪しているんだ？」どう言ったらいいのか、どうしたらいいのか、もうわかりませんでした。ただそこに立って泣いていましたが、結局、ダニエルにひきずられるようにしてドアを出ました。

カレンはそれ以来、意気消沈し、母親とダニエルとのあいだの確執にどう対処したらいいのかわからずにいた。言うとおりにしなかったら、母親は本気で縁を切ると思うか、とわたしはたずねた。

カレン　ええ、そう思います。電話してきて、彼と別れるようにとしつこく言うんです。このあいだの夜はうちに午前二時までいすわって、わたしが大きな過ちを犯していると、さんざんお説教をしていきました。「ああいう人間」の血をひいた孫はいらないと言っています。その件は話したくないと言っても、耳を貸しませんでした。ともかく母はコントロールしなくてはならないと考えているんです。わたしは言ったんです。「ママ、お願いだから帰ってちょうだい」すると母は「彼と結婚しないと言ったら帰るわ」と答えました。

母に追いつめられ、脅されている気がしました。母のお節介はうんざりです。でも家族は母だけですから、母を失いたくないんです。ときどきひどい態度をとるとしても。だけど、わたしはダニエルの弁護をしようともしなかったので、そのことで自己嫌悪に陥りました。自分はろくでなしだと思いました。こんなことを言うのは恩知らずかもしれませんけど、母はずっとわたしをコントロールしているんです。わたしが小さなときに離婚して、今、わたしは父がどこにいるのかすら知りません。わたしにするように言ったことはすべて母のためで、わたしのためじゃありません。わたしが着るもの、食べるもの、どの友人とつきあうか、幼いときの遊びまで、母はコントロールしました。そして今度は誰と結婚するかをコントロールできると思いこんでいるんです。

コントロールされた娘は簡単に踏みつけにされる

カレンの婚約を巡る決定的対決の土台は、ずっと前からできていたのだ。離婚後、母娘の二人だけになると、シャーリーンは独裁主義者とボスの役割を引き受け、カレンをさんざん批判した。シャーリーンは娘の物質的必要は満たしてやったが、愛情はめったに与えなかった。それどころかカレンによると、シャーリーンは自分の友人たちがいっしょにいるときに、とりわけ娘を愚弄したそうだ。幼いカレンは大人が自分に注目するときは、たいていうれしくない理由からだと気づくようになった。

カレン　母は自分にユーモアのセンスがあると考えています。だけど実際にはただの意地悪なんです、特にわたしには。わたしが母の選んだものを着たがらないと、わたしをこきおろし、からかいます。七、八歳のとき、わたしは自分でドレスを選んだんです。わたしが試着室から出てくると母はいっしょに買い物に来ていた友人を振り返って、こう言いました。「まさか、わたしの娘がこんなにひどいセンスの持ち主だとはねえ?」二人はわたしをさんざん笑いものにしました。わたしは恥ずかしさに身を切られる思いで、母がこう言うまで、震えながら棒立ちになっていました。「そのろくでもない服を脱いでいらっしゃい！」それは花模様の黄色のドレスで、わたしはその後、黄色も花模様も二度と着ませんでした。どちらも大好きだったのですけど。

残酷なあてこすりや冗談は、子どもの心を深くえぐる。少女の頃、カレンはしばしばそういう目にあった。カレンは自分の判断力を信じ、好きなものを好きだと言うと危険だと学んだ。そこで自分を守るために、母親に何もかも選んでもらうことにしたのだ。どっちみち、シャーリーンは娘の意見を無視しただろう。ぶったりひっぱたいたりという暴力はふるわなかった。その必要はなかった。カレンに向けられた言葉と口調で、娘の気持ちや好みはどうでもいいことはあきらかだったから。

結果として、カレンはきわめて大切な技術を身につけることができなかった。自分が望んでいるものを知り、それを求めることだ。

コントロールする母親は脅しやからかいや批判によって娘をずたずたにし、娘の尊厳と自尊心ばかりか意志までも奪ってしまう。コントロールする母親が常に口にする批判のせいで、若い娘の自信はたたきつぶされる。娘は自立するために必要なエネルギーと自信をむしばまれ、コントロールに対してきわめて無防備になる。批判はコントロールのいわば水源で、コントロールばかりする母親は娘をたっぷり傷つければ、自己主張する能力や抵抗しようとする意志を奪えることを知っているのだ。そこで母親はあなたを抑えつけておくために、侮辱や批判を利用し、あなたが大人になってもその攻撃の手をゆるめることはない。
コントロールする母親が脅威を感じると、その攻撃に拍車がかかる。ちょうどカレンとダニエルが婚約を発表したときのように。シャーリーンは娘の人生に対するコントロールを失いかけていること、カレンが母親から婚約者に忠誠心を移そうとしていることを知って動揺した。シャーリーンの頭の中では、再び優位に立つには脅してカレンに結婚をあきらめさせるしかなかったのだ。過激なやり方に思えるかもしれないが、シャーリーンはカレンを非常に長くコントロールしてきたので、娘が屈服するはずだという確信があり、脅しを実行するまでもなくあきらめると思っていたのだろう。
実際、カレンはあきらめかけた、とわたしに語った。

カレン　母からすごくプレッシャーをかけられたせいで、わたしは追いこまれ、体の具合が悪くなりました。わたしはダニエルに言いました。「このままでかまわないわよ。急いで結婚する必要はないわ」彼は首を振りました。「これがどういうことかはよくわかっている。このまま我慢するつもりはないよ。お母さんがきみを常に牛耳っているのを目にするのは不愉快だし、ぼくたちの関係に今後も口出しさせるつもりはない。きみはカウンセリングを受けて、この件をどうにかした方がいいと思うよ」ダニエルがそう言わなかったら、ここには来なかったと思います。

その言葉はよく耳にするものだ。あなたが変わるために、パートナーや友人が背中を押してくれることが多い。彼らはあなたが今の状況に対して一人では何もできないことをよく知っているからだ。健全な本能が働いていないときに、ノーと言い、自分で自分のことを決め、カレンのような追いつめられた状態から一歩踏みだすのはとてもむずかしい。小さなときに母親から聞かされた批判のせいで、カレンは「相手に気に入られようと必死になる人間」に成長した。だから不可能なこと、つまり母親とダニエルの両方を喜ばせる方法を見つけようとして、カレンは頭が働かなくなってしまったのだ。彼女は自分を最優先することをまったく考えていなかった。そういう経験がほとんどなかったからだ。

カレン　わたしはあらゆる犠牲を払っても争いを避けています。何を頼まれても、たいていやるでしょうね。でも、奇妙なことがあるんです。権力を持つ誰かを――ボスでも母でも――満足させないと、気持ちが悪くなったり、じんましんが出たりすることがよくあり、その結果ひきこもって心を閉ざしてしまうんです。そして、ぞっとするほど恐ろしい罪悪感に苛まれます。

カレンは自分の望みを二の次にして、誰もやりたがらない仕事を引き受け、いいように利用される存在になるだろう。コントロールされて育ったせいで、カレンは他人、とりわけ母親に決定を委ねるようになってしまったのだ。

完璧主義者――あなたに不可能な水準を突きつける

カレンの母親は自分がその場で優越感を味わいたいという理由だけで、娘の望みに否定的になり、それをたたきつぶすか残酷な批判の言葉を浴びせた。しかし、別の種類のコントロールする母親は、もっとずっと計画的だ。それはとうてい届かない水準をあなたに突きつける完璧主義の母親だ。彼女たちはルールにのっとって家事、日々の用事、手順を完璧にこなし、完璧ではないものはすべて失敗とみなす。

ミシェル――批判はいかにして批評家を作るか

ミシェルは三十四歳のグラフィックアーティストで、最初のカウンセリングのときにボーイフレンドのルークとの関係が壊れそうになっていると打ち明けた。ここしばらく二人の関係は緊張状態になっていて、最後に大げんかをした――その結果、彼は自分の身の回りのものを持って出ていき、友人のところで寝泊まりしているということだった。

ミシェル　（涙ながらに）彼こそが結婚する相手だと本気で思っていたんです。でも、彼はもううんざりだ、終わりだと言いだして。どうして二人の関係がめちゃくちゃになったのか、さっぱりわかりません。

わたしは二人でカウンセリングに来るように提案した。ミシェルはルークを説得し、カウンセリングに合流してもらうことになった。彼はぼさぼさの茶色の髪をしたひょろっとした三十歳のゲームデザイナーで、翌週二人はわたしの診察室に現れた。わたしはルークにどういう事情なのか、彼の視点から説明してほしいと頼んだ。

ルーク　ええと……長くいっしょに暮らせば暮らすほど――そろそろ一年になるんですが――状況

が悪くなる気がするんです。ぼくは家を出ないではいられなくなって、今は友人の家のソファで寝ています。ただ、多少の心の平和は手に入れていますけどね。ミシェルはすごく口やかましいんです。些細なことで文句をつける。コンピューターの周囲に物を広げていると、ぼくの家のぼくの部屋なのに、ガミガミ言うんですよ。つきあい始めた頃は、住んでいるところとか、ぼくの着るTシャツとか、馬鹿馬鹿しいことに彼女がすごくうるさいって気づかなかったんです。だけど、いっしょに暮らしはじめてから、ずっとそうなんですよ。

ミシェル　弁解させてもらうと、彼は完璧ってわけじゃないから。たしかに、わたしにも欠点があります。だけど、彼だってソックスを汚れ物のかごに入れたり、きちんとした服を着たっていいでしょう？　そんなにむずかしいことじゃないはずです。いつも流しにお皿を置きっぱなしにするんです。食器洗い機にちょっと入れてくれればいいのに。小さなことが大切なんですよ。

ルーク　おいおい、ミシェル。よりによって、どうしてそんなことにカリカリするんだ？　まったく、きみのお母さんにそっくりだな。

二人が互いにいらついているのはあきらかだった。そして、流しの汚れた皿以上の問題があるように思われた。わたしはミシェルに、あなたには口うるさく批判的な完璧主義者の行動が見てとれるので、それがルークを遠ざけているのだと話した。

ミシェル　まあ、なんてこと……あなたの話を聞いて思ったんですけど……それって、まさにわたしの母ですよ。口うるさくて批判的で。母みたいにはなるまいってずっと心に誓っていたんです。

だのに、こんなふうになっている。

母親の刷り込みとしつけは非常に強力なので、気づかぬうちに母親そっくりにふるまっているのはよくあることだ。しかし、そのパターンはいったん気づけば、努力は必要だが壊すことができる、とわたしはミシェルとルークに言った。二人の関係を立て直すために努力する心の用意はあるかしら？　とわたしはたずねた。二人は顔を見合わせた。

スーザン　カウンターに置きっぱなしになっているミルク容器を思い浮かべてみて。冷蔵庫に入れておけば、それはおいしいままでしょう。でもあまりいたんでしまったら、二度とおいしくはならない。あなたたちの関係はどの段階だと思う？

ルーク　（ミシェルを見ながら）わからないです。ぼくはいい関係になりたいと思うけど、自分たちの力だけでは無理な気がするんです。同じ議論を何度も何度も繰り返しているだけですから（ミシェルに軽く微笑んで）。だけど、これまでミルクはほぼおいしかったですよ。

ミシェル　（涙をあふれさせながら）わたしは彼を失いたくないんです。

二人のあいだの強い絆を感じることができたので、ミシェルとわたしで、しばらくのあいだ批判の根っこにあるものを探る作業をしよう、と提案した。ルークには家に帰ってきてもらうことにした。結婚についての多くの研究によれば、別居期間が長引けば長引くほど、夫婦がよりを戻す可能性は小さくなるという。最初はピリピリするかもしれないが、ルークがしばらく過剰に反応せずに辛抱してくれれば、わたしも協力して、ミシェルは批判のパターンを変え、いずれなくしていくように努力すると約束した。

暴君が生まれるまで

愛情のない母親の娘はほぼ例外なく、こう誓う。絶対にどんなことがあっても、お母さんみたいにはならないわ。しかし、これまで見てきたように、大人になったとき自分が母親そっくりに行動していることに気づき、しばしばショックを受けるのだ。その行動の根本に迫ることが、ミシェルとわたしの共同作業の中心になった。

ルークが家に戻ったあとも事態は改善していない、とミシェルは語った。

ミシェル　彼はわたしの完璧主義をしょっちゅうとがめているんです。わたしは弁解するだけのこともあるし、泣いたり、彼に向かって怒鳴ったりすることもあります。でも、今は自分が彼に言っていることをはっきり認識しています。このあいだここに二人で来たときに、なぜか自分が母親みたいに行動していることに気づいて、ぞっとしました……できるだけ早く母の元を離れ、今はほとんど会っていないんですよ――もちろん、母はルークを嫌ってます。彼も完全じゃないからです。だけど、わたしは母をいまだにひきずっているんです。母みたいになりかけているんです……。

子ども時代について話すうちに、彼女が経験したことと現在のルークとの生活に、多くの類似点があることに気づいた。

ミシェル　わたしは子どもを持つべきではなかった両親の元に生まれたんです。父はものすごく信仰心の篤い母親とワーカホリックの父親の精神的な人質として育ちました。母が育ったのは、両親ともにアルコール依存症で、父親は暴言を吐き、肉体的な虐待をするという機能不全のぞっとする家庭でした。わたしが子どもの頃、母は暴君でした。やさしさや慈しみは一切与えてもらえませんでした。これ以上ないほど厳格な母親だったのです。あらゆることに完璧主義でした。完璧に清潔な家、完璧な夫、完璧な仕事、完璧な子どもたち。小さな頃、母に言ったものです。「わたしは完璧じゃないわ」すると、母はこう言い返しました。「じゃ、そうなるように努力なさい！」母の人生においては、それが唯一の目標でした。母の清潔な家と弁護士補佐《パラリーガル》としての仕事は、他の何よりも大切だったのです。そして妹やわたしが家事の大半を片付けていないと、母は腹を立てました。父はつぶれかけたレストランをどうにか建て直そうと、いつも仕事、仕事、仕事でした。母は父にも憤慨していました。

　母は情け容赦がありませんでした。わたしはいい成績をとれるように一生懸命勉強しました。でも、ひとつだけB^+で残りはすべてAという成績をとってきても、そのB^+のためにほめられませんでした。母は数学を教えてくれましたが、それは数学の勉強というよりも軍事訓練みたいでした。答えをまちがえると、よくお小遣いをとりあげられました。おまけに信じられないほどいろいろと家事をさせられました。洗濯、掃除、染みひとつないコーヒーテーブルに雑誌を並べること。でも母の目から見ると、わたしの仕事ぶりは失格でした。

スーザン　だとしたら、ルークがどう感じているのか、少し察しがつくんじゃないかしら。あなたがどんなにいやな気分だったかを思いだせば、ルークの気持ちも理解できるはずよ。

ミシェル　つまり、わたしは彼にあんな気持ちを味わわせているってことですか？　そんなはずないわ。母はものすごい暴君だったんですから。

母親の暴君的なコントロールでもっともありふれた陰険なやり方は、いじめることだ。ミシェルは母親が小学校に手紙を書いて、彼女をコントロールしたと話してくれた。「学校じゅうでわたしだけがズボンはもちろん、ジーンズもはくことを許されませんでした」――そのせいで、ミシェルは笑いものにされたのだ。

ミシェル　ほんとにつらかったです。みんなに笑いものにされたので、わたしはふさぎこんで孤独でした。でも最悪だったのは、学校のいたずらっ子たちにからかわれ、追いかけ回されたことです。ひどい目にあったのに、母は一度も味方をしてくれませんでした。母の馬鹿げたルールのせいで、そういう目にあわされたのに。わたしを助けるために何ひとつしてくれなかったんです――あなたは強くなることを学ぶべきだと言われました。人生で最悪の時期でした。

幼い少女のときに自宅でいじめられることと、外の世界でもいじめられやすくなることには、はっきりとした相関関係がある。コントロールする母親のせいで娘は寡黙で文句を言わず従順になり、学校でもそういう役割をふられがちなのだ。彼女はターゲットにされ、自分を守る術もない。無抵抗でいるようにしつけられているからだ――それをいじめっ子は見抜く。わたしのクライアントの多くが、学校に行くのが恐ろしくなるようないじめの苦痛を経験している。

子どもたちがこうした完璧主義者のコントロールを経験すると、大人になって独り立ちしたら絶対に誰にも支配されるものか、と決意するのは不思議ではない。いじめられる代わりに、今度はいじめてやろうと。そして大人になると、床にころがるソックスや流しの皿のことで、口うるさく文句を言うようになるのだ。

こうしたことは意識レベルで起きることはほとんどないので、変わりたければ、自分のやっていることに気づかなくてはならない。それには動機と義務感が必要だ。昔のやり方に戻る誘惑は常に存在するだろうが、いったんパターンに気づけば、母親のように行動したいという内心の衝動に気づけるようになる。そして、二度とそういう行動をとらなくなるだろう。

コントロールするサディストの母親

さらに進むと、コントロールが非常に残酷になることもある。母親のルールや基準が常にくるくる変わり、娘には予想も理解もできない理由で厳しい罰が与えられる。コントロールする残酷な母親は暴君よりも始末に悪い。極端な場合、強いサディストの要素を見せる母親もいる。彼女たちは娘に屈辱や挫折を与えたり、苦しむのを目の当たりにしたりして、ゆがんだ喜びを引きだしているように見える。

サディストの母親と暮らすことで、娘は常に不安定で、屈辱や恐れを感じている。さらに家を出てかなりたっても、すぐに「闘争・逃走反応」を示しがちだ。この逃げるか、戦うかという衝動は、彼女たちにとって非常に役に立つサバイバル戦略で、他の生き方があるとはほとんど気づいていない場合すらある。

サマンサ――怒りは受け継がれ、矛先は自分に、そして他者に向けられる

優雅な二十九歳のアフリカ系アメリカ人のサマンサは、大きな製薬会社の販売チームを統括している。最初のカウンセリングで、仕事で人間関係の対立があり非常に悩んでいると打ち明けた。

サマンサ　新しいエリアマネージャーが入ったんです――わたしたちはいっしょに仕事をすることになって――その彼女が本当に神経を逆なでするんですよ。たしかに能力はありますが、まるで自分は女王さまで、こちらが下々の者であるかのようにふるまうんです。チームミーティングでは、わたしをこきおろそうとしました。わたしに問題があると言わんばかりで。でも、実際には彼女がチームの和を乱すので、士気に悪影響を及ぼしているんです。わたしは冷静沈着で、他人に内心を悟られないことに誇りを持っています。冷たいのではなく、たんにプロに徹しているんです。でもミーティングのあとで、何かがブチッと切れました。わたしは負けたんです。彼女がわたしについてしゃべっているときは大丈夫でした。顔は熱くほてっていましたが、何も言いませんでした。彼女は新入りだし、みんなに好かれていたので、わたしは冷静でいたかったんです。そういうことが少なくとも二、三度あったあと、帰り際に駐車場で彼女に冗談のネタにされて、とうとうカッとなりました。激しい怒りが噴きだしコントロールがきかなくなっていました。狂ったようにわめきちらしました……そして、ほとんど高揚感に近いものを感じたんです。彼女も怯えたと思いますが、わたしもとても怯えました。

そういうふうに爆発すると、一瞬だけいい気分になれるかもしれないが、その結果は人生をよりよくするのではなく、より悪くさせる、とわたしはサマンサに言った。多くの人はわめけば自己弁護になると考えている。しかし、その行為は何ひとつ解決しないばかりか、あなたの威厳と信頼性を失わせる。怒りに対処するには、もっといい方法がたくさんあるのだ。

サマンサ　わかっています。みんなの前で怒鳴ったことにぞっとしました。子どもの頃は怒鳴ることを憎んでいました。誰かが声を荒らげると、わたしは外界との接触を断ちました。長いあいだそれを自分の中に抑えつけてきたんです……そして爆発しました。

怒鳴っている人から逃げだして、安全を確保しようとするのはふつうのことだ。とりわけ子どもの場合、外界との接触を断ち、隠れようとするのは意味がある——ターゲットにされる確率が少なくなるからだ。しかし、そのとき感じた強烈な感情は消えないだろう。サマンサは子どものときに母親に怒鳴られて、どんなに怖かったかをはっきりと記憶していた。

サマンサ　母は……本当に性悪女になることがありました。申し訳ないけど、それ以外の言葉が見つかりません。母は怒りではちきれんばかりになりました。理由はよくわかりません。お金はたくさんありました——父はバイオテクノロジーの会社の顧問弁護士でしたし、母は公益企業のために弁護士をしていました。二人とも聡明で、小さい頃はわたしも両親と同じぐらい優秀だろうと期待していたんだと思います。

たぶん三つぐらいのときでしたが、母がＡＢＣを教えようとしたんです。ほとんどの母親はアルファベットの歌で、ゲームのように教えると思いますが、母はちがいました。部屋に入ってくると、さあ言ってごらんなさい、もう一度！　もう一度！　と命じたんです。暗唱できなかったので、母にものすごい剣幕で怒鳴られ、怖くてたまりませんでした。いまだにあの母の声が頭に甦ります。

サマンサが大きくなるにつれ、母親の不合理なコントロールと残酷さは新しい面を見せるようになった。

サマンサ　わたしはずっと年齢の割に背が高かったのです。十四歳のときバスケットボールチームに入りました。それはわたしの夢でした。わたしたちはとても強くて、ボストンでのトーナメント試合に出場することになりました。わたしは友人たちといっしょに行く予定でした。とても楽しい経験になるはずと、わくわくしていました。ベビーシッターをして稼いだお金をすべて貯めておいて、飛行機のチケットを買いました。でも直前になって、成績があまりよくなかったから行ってはいけない、と母が言いだしたんです。小テストで初めてＣをとったせいです。それは成績にも関係ないテストだったんですよ！　でも母は、落第するかもしれないと言いました。あなたには「遊び」ではなく勉強する時間が必要よって。

時計を見つめながら、自分の部屋にすわっていたことを覚えています。最後の最後に母が気を変えてくれないかと願いながら。飛行機にもう間に合わないとわかった瞬間のことは、今もまざまざと思いだします。コーチに電話して、母が行かせてくれないと訴えました。コーチはとても驚き、母と話したいと言いましたが、母は電話に出ようとしませんでした。ああ、スーザン――母がわたしを行かせなかったのにはちゃんとした理由なんてなかったんです！　成績はとてもよかった――AやBをたくさんとってました。ただ、自分の力をわたしに見せつけたかっただけなんです……ほしいものをわたしから何でも奪えるってことを。

年端もゆかぬ娘から自分のほしいものを奪うことで、ゆがんだ満足感を手に入れる母親もいる。そしてコントロールするサディストの母親を持つ娘の大半と同じく、サマンサも逃げだすことを夢見た。

サマンサ　中学生のとき、わたしは家出に必要なものをすべて小さなバックパックに詰める練習をしました。時間をはかって。十分で準備できるようになりました。実際にどこに行こうと考えていたのかわかりませんが、自分は家出できるって信じる必要があったんです。

しかし、もっと大きくなってから、サマンサは本当に逃走した。しかも、家を離れる必要もなかったのだ。

反抗への道

サマンサのような娘が自分の人生の「主導権を握り」、母親の厳しい制限、ルール、罰から、反抗によって逃げだそうと必死に努力することはよくあることだ。

サマンサ　母はわたしを自分の思いどおりにできると考えていました。でも、九年生までに、母がどうやってもコントロールできないのは、わたしの肉体だということを発見したんです。男の子とデートして寝るようになると、わたしは救われました。そうするためにはこっそり家から抜け出なくてはなりませんでしたが、その危険を冒す価値はありました。自分自身をコントロールしているという感覚を手に入れるために、肉体を利用できることに気づいたんです。それに、お酒やドラッグをやってどんちゃん騒ぎをしたり、下剤を飲んだりしはじめました。長いあいだ深刻な過食症でしたが、母はとうとう気づきませんでした。そのうち食べるのをやめて、拒食症みたいに見えたときにもです。

わたしは上級クラスをとって飛び級で早く卒業したので、家を出ることができました。でも、そういうことがあったので、大学在学中も卒業後も、人生における長い時間を自分を傷つけることに費やしたのだと思います。わたしはほとんどずっと罪悪感と憂鬱に悩まされ、唯一の救いはセックスをして酔っ払うかラリっているときでした。下剤も気分がよかった。ほとんど死にたいと思っていたんです。自分の人生が大嫌いでした。でもＡＡ（アルコール依存症患者更生会）に行く友人がいて、ある晩いっしょに来ないかと彼女に誘われたんです。そして、すべてが変わりました。彼女がいなかったら、どうなっていたかわかりません。

悲しいことに、愛情のない母親を持つ多くの娘が、初めての自由を味わうと、自滅的な行動でそれをだいなしにしてしまうことがよくある。それがアルコール、ドラッグ、食べ物、セックス、あるいはそのすべてにしても、もはや母親にコントロールされていないことを証明しようとする無益な行動のせいで、反抗はたいてい彼女自身を堕落させてしまう。そして挫折し、いらだち、不当なほどの罰を受けるとき、わたしたちの胸に大きな怒りがわきあがるのは仕方のないことだ。

この怒りはやっかいで不快に感じられるかもしれないが、変化のためのきわめて有効なカタルシスになるかもしれない。ただし、怒りがきちんと表現されないと、非常に破滅的になる可能性もある。しばしば怒りは憂鬱になり、心の中の混沌とした感情から逃れるためなら何だってすると感じるほどになりかねない。クライアントの中には自殺すら考えた、と打ち明けてくれた人もいる。大人になっても、怒りと絶望のサイクルはずっと続いていくのだ。

自滅的な反抗は自由ではない。反抗する人間は自信や自尊心をとり戻そうとしていないからだ。そのため彼女たちは本当に自由にはなれないのだ。それどころか、相変わらず母親が娘たちの頭の中にいて、無意識のうちに母親にショックを与え動揺させようとする行動をとってしまう。彼女たちは自分の望みを反映させる人生をどう築いたらいいのか学んでこなかった。皮肉にも、母親はまだ娘をコントロールしているのだ。

何がコントロールする母親を駆り立てるのか？

クライアントのコントロールする母親について考えてみると、いくつかの事実がはっきりと見えてくる。まず母親は自分の人生にまったく満足していない。母親たち自身が両親にコントロールされ、軽視されているのかもしれない。あるいは夫や上司にコントロールされ、けなされる家庭で育ったのかもしれない。彼女たちの役割や自由がいらだたしいほどに制限されていて、その状況を変えることかもしれない。

はできないと無力感に苛まれているのかもしれない。怒り、苦々しさ、フラストレーション、失望が、母親のこわばった笑みの陰で渦巻いているのだろう。自分の権利が実感できず、彼女たちは途方に暮れている。

コントロールしたいと感じる理由が何であれ、母親はあなたの外見や、学校、仕事、パートナー、結婚式の準備などの選択をけなし批判することで、コントロールする力をふるうことができる。愛することのできない他の多くの母親たちと同じように、コントロールする母親は、あなたの弱みを最大限に利用しようとするのだ。

しかし、あなたの人生に重大な影響を与えるコントロールは、母親があなたに巧みに植えつけたパターンや反応や期待から生じている――たとえ、あなたが母親の力から逃れたと思っていても。

あなたが他人に尽くし過ぎること、完璧主義、いじめたり、いじめられたりする傾向、あるいはこの章で検討してきたその他の苦痛をともなう行動に悩んでいても、どうか安心してほしい。それはすべて母親のもとで学習した行動なのだから。そして、学んだことは捨てられるのだ。

五章　世話を必要とする母親

「あなたが何もかもやってくれるでしょ、頼りにしているわ」

母親が午後になるとお菓子の袋を手にベッドにもぐりこみ寝室のドアを閉めていたら、あるいは子どもを起こして学校に送りだす時間にソファで人事不省になっていたら、娘に人生の手ほどきをすることはできない。母親は夕食を料理したり、幼い子どもの世話をしたり、あるいは自分自身の面倒を見ることすらできないかもしれない。母親が抑鬱状態にしろ、アルコールや薬物の依存症にしろ、子どもじみているにしろ、世話をするよりも世話をしてもらう状況だと、娘は親と保護者と親友の役目を負わされることになる。

若い女性にとって、「お母さんはどこかおかしい」と認識するほど気の滅入ることはないだろう。世話を必要とする母親は自分だけの世界にひきこもり、保護者としての役割を放棄する。家にはいるかもしれないが、あなたの成功に気づいたり、失望の涙をぬぐってくれたりすることはまずない。それどころか、眠り、文句を言い、テレビを見て、酒を飲むことだけで日々を送っている。そして物心がつくなり、娘は苦い真実を知るのだ――自分には世話をしてくれる人がいないということを。

この章で出会う母親たちは、自分のことで精一杯で、娘の幸福のために費やすエネルギーがほとんど残っていない人々だ。

娘たちの大半は母親を心から気の毒に思いながら成長し、「すべてをもっとよくする」のは自分の義務だと信じこむ。こうした役割の逆転をやむなくされた少女たちは「とても大人っぽい」とか「責任感がある」とか「年の割に賢い」と言われることに喜びを感じているだろう。しかし、彼女たちは健全な子ども時代を過ごす機会を奪われてしまっているのだ。

大人になると、娘の多くは冷静で有能で責任感があることに誇りを感じるようになる。一生涯にわたって重荷を背負い、他人の責任を引き受ける修練を積むのだ。他人が支えや励ましを求める人間になることが第二の天性になっているので、彼女たちはどうしたら他の人間の立ち直りや成功や幸福のために役立てるかを正確に知っている。しかし自分自身に何が必要かとなると、まったく思いつかない。自分自身や自分の夢や喜びを人生の中心にすえたことがほとんどなかったからだ。その代わりに学んできたのは、世話人としての消耗の激しい技術なのだ。

「小さな大人」として成長したことをはっきり示す徴候

大人になった娘が大人を助ける役目につかされた理由を客観的に把握することは、たいていの場合むずかしい。あなたの経験と照らしあわせるために、わたしはふたつのチェックリストを用意した。これによって、あなたの母親がどのような育児をし、あなたの人生にどんな影響を与えたかがわかるだろう。

あなたは子どもだったときに

○人生でもっとも重要な仕事は、どんな犠牲を払っても母親の問題を解決したり、苦痛を和らげたりすることだと信じていたか？
○自分の気持ちは無視して、母親が望んでいること、感じていることにのみ注意を払ったか？

○母親の行動がもたらした結果から彼女を守ったか?
○母親のために嘘をつくか、ごまかしをしたか?
○母親について誰かが悪口を言ったら、弁護したか?
○自分の気分がよくなるのは、母親がほめてくれるかどうかにかかっていると考えていたか?
○友人たちに母親の行動を内緒にしておかなくてはならなかったか?

一人の大人として、以下の文章があなたに当てはまるか?

○母親を動揺させないためにあらゆることをするだろう。
○誰かをがっかりさせたら耐えられない。
○わたしは完璧主義者だ。うまくいかなかったことはすべてわたしの責任だ。
○心から頼れるのは自分だけだ。自分ですべてをやらなくてはならない。
○わたしが何かをやってあげるから、人はわたしに好意を持ってくれる。
○わたしは常に強くなくてはならない。わたしが助けを求めたら、それは弱いという証拠だ。
○わたしはあらゆる問題を解決できるはずだ。
○他の人がみんな満足したとき、ようやくわたしは自分のほしいものを手にすることができる。
○感謝されず利用されていると感じると腹が立つが、そうした感情は心の底に押しこめてある。

「小さな大人」として成長すると、子どもとしての自由を得られないという大きな代償を支払うことになる。子ども時代にもっぱら世話人としてみなされていたら、あなたは自分を成長させ、創作遊びを楽しみ、気を許して自由にふるまうことは絶対にできないだろう。「わたしは何になれるかしら？」と自問したり、自分が満足する道を見つけるために、さまざまな生き方を試してみる時間も余裕もほとんどない。その代わり、あなたは母親に注意を傾けるように仕込まれ、自分ではなく母親の要望をかなえることに熟練する。そして母親に困難がふりかからないか用心深く見張っていて、真っ先にそれを解決しようとするのだ。

しかし役割の逆転には残酷な展開が待っている。常に失敗が用意されているのだ。幼い子どもには母親の問題を解決するだけの力がない。母親の問題は母親本人だけが解決できるのだ。子どもが与える大きな微笑や犠牲でも、母親を変えることはできない。しかし娘はそれに挑戦しなくてはいけないと考える。そして努力が報われないと、無力感と屈辱に苛まれる。幼い娘は大人になったら「ちゃんとやろう」と決意し、大人になると、ひたすらそれを実行するのだ。彼女たちは他の人のために尽くしすぎ、与えすぎ、助けすぎる。心理学者が「反復強迫」と呼ぶものだ。すなわち、過去とはちがう結果が得られることを期待して、昔の行動パターンを繰り返してしまうことだ。

その強迫に駆り立てられると、人生は果てしない重荷の連続、解決しなくてはならない課題のトレッドミルに思えるだろう。喜び、気楽さ、楽しみは消えてしまう。そして愛と同情を区別することができず、愛情関係は相互的なもので相手を救う必要はない、とは信じられなくなる。

アリソン——「なんでも修理屋」になってしまう

しなやかな体つきをした四十四歳のヨガのインストラクター、アリソンは自分のスタジオを所有している。彼女は長いこと鬱状態に苦しんでいて、いつか満ち足りた愛情ある関係をパートナーと築けるかどうか不安だと語った。これまで世話をしなくてはならないような男性とばかりつきあってきて、最近のパートナー、トムとのけんかのすぐあとで、最初のカウンセリングの予約を入れたのだった。トムとは八ヶ月間いっしょに暮らしていた。わたしは何があったかを話してほしいと言った。

アリソン　自分と正反対の人に惹かれるって言いますよね？　わたしもどうやらそうみたいなんです。わたしはずっと慎重だったんです。長期的な計画を立て、型どおりに行動し、いい子でいました。ですから、トムと出会ったとき、「わお。人生がずっとおもしろくなりそう」って思ったんです。トムはウェイターとしてパートで働いていて、残りの時間はカメラマンをしていました。彼の部屋には引き伸ばした写真が所狭しと飾られていました。お金はなかったけど、どこ吹く風でした。とても創造的な人なんです。彼みたいな人は初めてでした――バイクに乗った不良少年ってとこですね。わたしはすっかり彼に夢中になり、その才能や自由さに圧倒されました。トムの友人たちは芸術家気取りで、ワイルドで――わたしにとってまったく異質の世界の住人たちでした。

わたしの家でいっしょに暮らしはじめました。彼のところにはスペースがなかったからです。最初はとてもすてきでした。トムは家じゅうを写真で飾り、わたしがヨガ・スタジオから帰ってくるとパーティーが開かれていることもありました。芸術に向き合えるように、週に二、三日だけ働く彼のライフスタイルにも賛成でした。そして、りっぱな機材があれば、もっといい仕事ができると思ったので、機材を買ってあげました。あんなにうれしそうな彼は見たことがなかったし、わたしもとてもわくわくしました。これで彼の仕事がうまくいき、一流のカメラマンになれると本気で信じていたんです。

スーザン　ああ、なるほどね。あなたは彼を自宅に引っ越してこさせ、彼はそこでパーティーを開き、週に二、三日だけ働き、りっぱな機材を買ってもらった。それがどうなったかは想像がつくわ。

アリソン　ええ、期待していたような結果にはなりませんでした……わたしが買ってあげたものは、彼にとって新しいおもちゃのようで、数ヶ月もすると興味を失いました。写真の仕事を探しているふりすらしませんでした。このあいだ早目に家に帰ってきたら、窓を開けてマリファナを吸いながらテレビを見ていたんです。わたしがいないとわかっているときは、いつもそうしていたみたいです。べとついたテーブルの上の吸い殻であふれた灰皿の横に、カメラが置かれていました。彼は次のステップに進むつもりはなかったんです。そのことでけんかになりました。彼はわたしに怒鳴り、「わかった、もういい！　またウェイターに戻るよ」と言ったんです。わたしはだまされた気分で、とても失望しました！　トムは依存心が強いんです。

　わたしは母と結婚したような気分になりました。実際には結婚してませんけど、わたしの言いたいことはおわかりですよね。彼は母にそっくりなんです。わたしは世話をして救ってあげたいような男性とばかりつきあっています。分別のある男性ではなく、いわゆる「可能性のある」男性です。そして、「ただ愛されたがっている」男性。

　わたしはそういう人間なんです。わたし自身はずっと冷静沈着な人間でした。母は、おまえは大人だと言いますけど、そうじゃありません。家族のせいで早熟にならざるをえなかったんだと思います。子どもの頃から、母はわたしにとても頼っていました。

アリソンに子どもの頃の話をしてくれるように頼んだ。その結果、非常に幼い頃から人の世話をしてきたことがはっきりした。それがトムとの生活を形作っているのだ。

アリソン　母は専業主婦でした。父はとてもかんしゃく持ちで、二人が顔をあわせるといつもけんかでした。父は仕事でしじゅう家を留守にしていたので、どうにかもっていたんです。わたしは父に嘘をつくようになりました――父にかんしゃくを爆発させないようにするために、嘘やごまかしは当たり前でした。母は父が浮気をしていると思っていました。たぶん、そうだったのでしょう。母はそのせいで父を憎んでいました。でも母は無力でした。父の元を去りたかったけれど、わたしと弟と妹を抱えて一人でやっていけないと思ったんです。それで家にとどまりました。わたしはそういうことを洗いざらい聞かされたんです。そんな幼い年で、聞かなくてもいい話をよくもまあ聞かされたものだと、今になって思います。

スーザン　たしかにそうね。あなたは友だちと楽しく過ごしているはずの年頃だった。お母さんはそうしたことを話して、あなたにどうしてほしかったのでしょうね？

アリソン　わかりません。それに最近になってもまだ、母は離婚するべきかどうかと相談してきます。そして、わたしたちのためだけに父といっしょにいるんだと言うんです。だから、何もかもがわたしたちのせいだって。何度こう言ったかわかりません、「いいからお父さんと別れて！」でも、もうあきらめました。何ひとつ変わりそうにありません。子どもたちはもう大人ですが、母はまだ何もできないでいます。ただ文句を言うだけ。わたしは叫びだしたいほどいらいらしますけど、母が苦しんでいるのを見るのはとてもつらいんです。いまも母を元気づけ、どうにか物事を丸くおさめなくちゃ、っていう気持ちになります。子どもの頃、何かすれば少しでも家族らしく感じられるかしらと思うと、わたしはそれを実行しました。料理。掃除。クリスマスツリーを買ったり、きょうだいに誕生日プレゼントを用意したり。あらゆることをしました。トムにも同じです。ああ、スーザン、いろいろなことをするのに疲れちゃいました……いつになったらわたしは誰かに面倒を見てもらえるんでしょう？

そこでアリソンは泣きだし、しばらくのあいだ泣いていた。彼女は目をふくと、そっと言った。「すみません」多くの女性と同じく、アリソンは泣いたことで謝らねばならないと思っていた。何か悪いことをしたかのように。

あなたには泣いたり怒ったりする権利があるのだ、とわたしは言った。彼女が好きになった男性はお金がなくて無責任だとわかった。さらに、小さな大人の役目を押しつけられ、母親ばかりか家族全員の面倒を見なくてはならなかった女の子、かつてのアリソンはとても気の毒だった。それは八歳や十歳のとても小さな肩でかつぐには苛酷すぎる重荷だ。その少女は自分が文句を言ったり大喜びしたりするただの八つの女の子になったら、家庭内に誰も頼りになる人間がいなくなることを承知していたのだ。

でもアリソンはいつまでも悲嘆に暮れていなかった。これまでの人生でしてきたように、たちまち冷静さをとり戻し、母親の責任を免除しようとして、できるだけのことをした。

アリソン　ひとこと弁解しておくと、母がいけないんじゃないんです。母はひどい結婚をしてしまい、つらい人生を送っていました。ほとんどいつも悲しみに沈んでいたんです。そんな母を見たくありませんでした。

アリソンが深い同情を母親に注ごうとするのは、ごく自然なことだった。

母親が鬱状態だからといって、あなたに対する責任はなくならない

アリソンの母親ジョアンナとは会っていないが、彼女はひどい鬱状態に悩まされていたにちがいない。実際、世話を必要とする母親はほとんどの場合、鬱状態だ。彼女たちは鬱状態によって疲弊し、思考停止状態に陥り、娘を育てたり導いたり慰めたりする能力を奪われている。ただし、短期間とはいえ有能で愛情にあふれているように見える時期もあるが、世話をしてもらいたいという欲求がすべてを上回ってしまうのだ。

こうした母親は悪循環にとらえられ、病気のせいで可能性を感じられなくなる。多くの娘と同じように、アリソンも母親の絶望とともに成長した。同情と悲しみのたちこめた重苦しい雰囲気が、以下のような言葉によって作りあげられたのだ。

○人生はおぞましい。
○生まれてこなければよかった。
○わたしの人生をどうしたらいいのかしら?
○どうしてお父さんと結婚したのかしら?

○どうしたらいいかわからないわ。人生をだいなしにしてしまった。

鬱状態は母親に我を忘れさせ、決断をゆがめさせる。それは遺伝子的要素、生理学的要素、不幸な生活状況が原因になっている。鬱状態の母親は病気のせいで苦しんでいるのだ。

しかし、母親は大人なのだから、状況を変え、人生をよりよくするために何らかの手を打つ責任がある。それはすべての大人について言えることだ。子どもたちの面倒をきちんと見られるように自分を立て直しなさいと、母親に提案ではなく命令したい。

この数十年で鬱状態の治療は劇的に改善した。抗鬱剤は多くの人に効き目があるし、病気で弱っている人の状況を改善するための方法はたくさんある。しかし、深刻な鬱状態にあると思われるジョアンナのような多くの母親は助力を得ることに尻込みし、犠牲者の役目に甘んじている。

最初のカウンセリングの終わりに、治療を受けたらという勧めはすべて断られたと、アリソンは語った。

アリソン　わたしは努力したんです、スーザン。「ねえ、お母さん、世の中には助けてくれる人がいるのよ。お医者さんとか、カウンセラーとか」でも母は検討しようともしなかった。そしてわたしを責めるんです！「よくそんなことが言えるわね？　わたしは問題なんて抱えていない。わたしは何ひとつ悪いことをしていないわ。悪いのはお父さんよ。どうしてわたしが助けてもらわなくちゃならないの？　わたしの頭はまともよ。お父さんが怒鳴るのをやめればいいだけでしょ。カウンセリングが必要なのはわたしじゃないわ」

鬱状態の母親は効果的なタイミングで娘の存在に気づき、どうにかエネルギーをかき集めて、「あなた、とてもキュートよ」とか「とてもかわいらしいわ」という言葉を口にすることができるかもしれない。しかし、だからといって、それは娘の本質的な価値を認めることにはならないし、娘とのあいだに絆を築けない埋め合わせにもならない。それどころか、娘がよく耳にするのは「わたしを助けてくれて、本当にいい子ね」という言葉だ。娘自身であること、娘の個性や価値のせいでほめられているのではないのだ。

鬱状態という重い闇とともに生きている母親には、心から同情する。しかし、それでも彼女たちには幼い娘の世話をする責任があるし、自分の負っている責任を認識するべきだと思う。なぜなら母親が役目を放棄することで、娘はさまざまな世話を押しつけられ、苦痛を感じているからだ。

アリソンが母親を手伝ったことと、トムの責任を引き受けたがった衝動には明確なちがいがある。自分の贈り物にトムが喜ぶのを見て満足を感じたアリソンは、子ども時代に母親を救えなかったことの埋め合わせをしていると信じるようになった。それはアリソンに説明したように、「反復強迫」なのだ。わたしの助力によって、そのサイクルを断ち切るように努力すれば、アリソンは自分が本当に必要とし求めているものに、注意を向けられるようになるだろう。

鬱状態は受け継がれるように運命づけられているわけではない

あなたが鬱状態に悩んでいても、母親と同じふるまいをするように運命づけられているわけではないと、断言しておきたい。それがアリソンのいちばんの懸念だった。「ときどきふさぎの虫にとりつかれてしまう気がするんです」と彼女はわたしに訴えた。「自分の人生や人間関係を振り返ると、すべてを放り出してしまいたくなることがあります。わたしも鬱状態にとても悩んでいます。母親のようにはなりたくないんです」

鬱状態の母親を持つ娘は、遺伝子や脳内化学物質に鬱状態になりやすい傾向があるばかりか、世話をされずに成長したせいでしばしば自尊心を傷つけられている。

しかしアリソンにも言ったが、あなたとあなたの母親はまったく異なる。あなたは犠牲者の役目におさまり、「かわいそうなわたし」と嘆いてはいない。あなたは変わる努力をしているのだから。

ジョディ——母親の飲酒、薬物依存症、鬱状態とともに生きている

役割の逆転とその悲惨な影響は、母親がアルコールや薬物に溺れているとはっきり表に出てくる。依存症の母親の日常ではカオスと危機は当たり前で、いきなり母親が怒りだすことはよくある。ジョディは家族の集まりで大騒ぎが起きたせいで、わたしにメールで連絡をとってきた。

ジョディのメール　ドクター・フォワード、ぜひお目にかかりたいのです。アルコール依存症の母親から離れる必要があるんです。母はずっとわたしをコントロールし、批判的でした。もううんざりなんです……幼い頃からずっと、母を喜ばせるために生きてきて、もうこれ以上は無理です。わたしの人生に母を引き入れたせいで結婚生活がだいなしになり、最低の気分です。お願い、助けてください！

最初のカウンセリングで、ジョディはわたしに連絡をとるきっかけになったできごとを語ってくれた。ひきしまった体つきのブロンドのジョディは一人っ子だった。三十八歳、既婚、小学校で特別支援学級の子どもたちを教えている。

ジョディ　つい一週間前、感謝祭のときについに事件が起きたんです。母がすべてをめちゃくちゃにしました。わたしには感謝することがいっぱいあります。りっぱな夫と生まれたばかりのかわいい赤ちゃん。とてもすばらしい人生のはずでした。でも母がいると、そうはならないんです。そして今回のことでもう我慢できなくなりました。家族みんなでメイシーズ・デパートのパレードとフットボールを見て食事をし、赤ちゃんをあやしていました。でも目の隅では母がワインに手を伸ばすのを監視し、何杯飲むかを数えていました。母のそばに行ってボトルを遠くに移動させたんですけど――昔からの習慣でした――義理の兄がお代わりを注いだんです。彼を殺してやりたかったわ。

母は声が大きくなり、少しろれつが回らなくなりはじめました。伯母の隣にすわっていたんですが、赤ワインのグラスを倒しました。すべてふき終わってから、伯母が母のグラスをとりあげて言いました。「マーガレット、もう充分飲んだでしょ」

母は怒りだしました。「どうしてこんなに飲むかわかる?」母は叫びました。「飲む理由を教えてあげるわ。この娘が理由よ」母はわたしを指さしました。まるでわたしのせいだと言わんばかりに！　それからこう言ったんです。「利己的で知ったかぶりのこの娘ったら、カウンセリングの学位を持っているのよ。冗談みたい。この子はおかしいのよ、頭の中がいかれてるの」

耳を疑いました。穴があったら入りたいと思いました。もうたくさんだ、と思いました。何かを変えなくちゃいけないって。わたしは母の飲酒や、やたらに薬を飲むことが嫌で嫌でたまらないんです。母は寝るにも、起きるにも薬に頼ってます。それに、とても自己中心的で鬱状態で……。

ジョディは怒りをこめて話し続け、わたしは胸の内を吐き出させる必要があると判断した。

ジョディ　そういうことにはすっかり慣れっこになっていると思うかもしれませんね。酔っ払っていない母はもはや記憶にないほどです。わたしが母を必要としているときに、酔っ払って役に立たなかったことは数え切れないほど。わたしを連れていろんな家を渡り歩き、たくさんの男とデートしていました。しかも、連中をわたしの人生にひっぱりこみ、彼らがわたしのお父さんで、わたしたちは本当の家族だってふりをしたんです。仕事やデートや自分の用事のために、母はしじゅうわたしを一人ぼっちにしました。それに家にいても、お酒を飲んでいるか酔っ払っているか酔いつぶれているかでした。

ジョデイの母親マーガレットは娘の力にはほとんどなれなかった。何度かカウンセリングをするうちに、ジョディはいかにネグレクトされたかという例をたくさんあげた。そのため彼女はごく幼いときに、驚くほどの責任を負わされ、ストレスに押しつぶされたのだ。

ジョディ　四年生ぐらいのときは、母が仕事から帰ってくるのを首を長くして待っていました。わたしが母の夕食を作り、母は仕事のことを話してくれました。ボスと折り合いが悪かったんです。

母が仕事を失うんじゃないかって、とても不安でした。そうしたら、どうなります？　だけど、母は何も心配していないようでした。食事を終えるなり母は新聞を持って自分の部屋に行くと、テレビをつけてベッドに寝っ転がりました。ナイトテーブルにはスコッチのボトルとグラス。そして、新聞を読みながらお酒をちびちび飲みはじめるんです。たいてい靴すら脱ごうとせず、テレビを大音量でつけたまま寝てしまう。片手には火のついた煙草をはさんだまま。わたしは部屋に入っていって、何かを焦がさないうちに煙草をとりあげました。そして上掛けをかけてやり、ボトルに残っているお酒を捨てるんです。

わたしはお皿を洗うと、リビングのテレビをつけました。宿題をするあいだ相手がほしかったから。とても孤独でした、スーザン。学校で友だちがいなかったら、わたしは世界でいちばん孤独な子どもだったでしょうね。たぶん、一人で大きくなる運命だったのでしょう。でもわたしはずっと神さまに祈っていたんです。おかげで、神さまにとても近づいた気がしました。

依存症の母親の娘は、家で起きていることを友人にも教師にも話せない。友人の家に行き、自分の家とまったくちがう暮らしを見ると、このことは秘密にしておかなくてはならないと悟る。しかし、外見はとり繕っていても、恥辱と違和感と疎外感を抱えて生きていくのだ。

薬物とアルコール——そして助けることに誘惑される

中学校時代のジョディは注目を集めないようにしていた。ただし、そこそこの成績をとり、ていねいに服を洗濯してアイロンをかけ、身だしなみを整えるようにした。しかしハイスクールに行くと、友人たちが門限を交渉したり、デートを制限されたりしているかたわら、自分はまったく監督されないことの利点に気づいた。何でも好きなことができるのだ。母親は娘にまったく関心がなかったので何も言わなかったからだ。意味のあるルールや懲罰や制限はほとんどなかった。十代のジョディを迎えに二十代の青年が家にやって来ても、母親は眉ひとつ動かさなかった。そもそも、マーガレットはほとんど家にいなかったのだ。

十代前半から、ジョディは薬物やアルコールに手を出すようになった。酒や、母のバッグからとった薬を飲んでみた。アルコール依存症の親の子どもがアルコール依存症になる可能性は非常に高い。研究によれば、五十パーセントという高い確率だ。しかし幸いにも、ジョディは危険から引き返すことができた。

ジョディ　ええ、わたしはアルコールに頼ろうとしました。神のご加護とやっかいなことになっていると自分で認識したおかげで、アルコール依存症にはなりませんでしたけど。この十五年以上、たまにワインを一杯飲むぐらいです。

ジョディはハイスクールの一年生のときに力になってくれた教師を信頼したことで、人生が変わった。

ジョディ　わたしは心理学の授業も、人生の大切なことについて語り合うことも大好きでした。心理学はいい成績をとれた唯一の授業で、ときどき昼休みに先生とおしゃべりをしました。先生はわたしの能力を認め、大学で心理学を修めるように勧めてくれました。大学に行くことを考えたのも、そのときが初めてでした。先生とスクールカウンセラーが、奨学金と経済的援助を受けるために協力しようと言ってくれたんです。自分の能力を信じてくれる人がいるって、どんなに大きな意味を持つか想像もつかないでしょうね。先生はわたしに特別支援学級でボランティアをさせてくれ、それが新しい世界を開いてくれたんです。わたしは子ども好きだったし、パーティー以外にやることを見つけられた。自分にとても自信がついたんです。

ジョディがその分野に惹かれたのはさほど意外ではなかった。アルコールや薬物依存症患者を親に持つ娘は、成人後に人を世話する職業を選ぶことが圧倒的に多い。医学、とりわけ看護師やソーシャルワーカーやカウンセラーといった職業に引きつけられるようだ。他人を世話したいという衝動を実現するために、それはとてもふさわしい方法なのだ。

ジョディの口調から、「反復強迫」に陥りやすい失望感を聞きとった。「子どものとき、そばには母しかいなかったんです。ですから、わたしは母をもっと幸せにしなくてはならなかったんです。しかも、母はとうとう幸せになれなかった。わたしは心の底ではとても悲しくて、いつも胸の痛む思いがしました」ジョディには教える才能があり、生徒から得る満足感はその悲しみを和らげるにちがいなかった。そして、母をがっかりさせているという無意識の思いもなだめておけるにちがいない。彼女は自分自身のために実現可能な人生を築き上げたのだ。

しかし、母親はいまだに勝手気ままにふるまい、酒を飲んでいた。そして今、マーガレットの最近の行動に対する怒りと、生まれたばかりの赤ん坊に対する責任感によって、ジョディはようやく母親を矯正するのは自分の責任ではないことを認めるようになった。

母親ではなく、あなたの人生を正す勇気を見つけよう

母を世話し、ネグレクトされていたこの長い歳月に、ジョディは大きな怒りを覚えていた。「でも、わたしはずっと怒っているわけにいかなかったんです。母が何をしても、すぐに仲直りしなくてはなりませんでした。家族はわたしたち二人だけだったから。それに、二人とも溺れてしまわないためなら、どんなことだってするしかなかったんです」

しかし、今ジョディには自分の家族がいた。マーガレットがますます無責任になるにつれ、ジョディは長く抑えつけていた怒りが噴きだしてきて、母親を前よりも客観的に見られるようになった。

ジョディ　キッチンの引き出しには未払いの請求書がぎっしり入っていました。電気が止められるという予告通知もあったと思います。母は電話してくるときはひどく滅入った声を出し、わたしがすぐに駆けつけてくるものと思っています。カウンセリングで修士号をとると伝えたとき、母が最初に口にしたのは「まあ、よかった！　これでわたしを治せるわね！」という言葉でした。

もう、わたしはうんざりでした。自分の生活を送りながらも、母と連絡をとりあうためにできる限りのことをしているのに、それでは役に立たないんです。母は人を傷つけることばかり言っています。お酒もやめようとしません。今、何よりもわたしが願っているのは、自分だけの人生を生きることです。母なしで、わたし一人で。母は好きなことをすればいい――部屋に閉じこもってお酒を飲むなり、落ち込むなり。もうどうでもいいわ！　ともかく、わたしの人生から出ていってほし

いんです。だけど……母を捨てるなんて無理です。そんなことをしたら母は死ぬでしょう。そうしたら罪悪感に耐えられないわ。

ジョディはじっと膝を見つめ、急に体が縮んでしまったように見えた。

スーザン　あなたには大きな責任があるのよ、ジョディ——あなた自身への責任が。お母さまのためにできることはすべてしたわ。そしてわたしの見る限り、お母さまは自分自身のために何もやろうとしていない。

わたしは助けを得ることについて母親と話し合ったかとたずねた。アルコール依存症患者更生会に入るとか依存症の専門家に相談するとか。

ジョディ　ああ、母によれば、自分はアルコール依存症じゃないんですって。なんとかまだ仕事をしているし、ホームレスではないから。つまり、飲酒は問題じゃないってことになるんでしょう。いつも決まって、誰か他の人のせいなんです。母はわたしのせいでお酒を飲むんですよ。絶対に。

マーガレットのようなアルコール依存症患者は、自分の飲酒を手当たりしだいに何かのせいにすることがよくある、とわたしは言った。たとえば、いちばん身近な相手、世界的なできごと、天候のせいにする。どんなささいな口実でも利用するのだ。

ジョディ　ずっと、自分にそう言いきかせてきたんです、スーザン。アラノン（訳注・アルコール依存症患者の家族・縁者の会）でもそう言われました。でも、これ以上ないほど母に腹を立てていても、母をわたしの……子どもみたいに感じるんです。子どもは捨てられませんよね？

大人の視点から見ればはっきりわかっていても、多くの娘は無力で手のかかる子どものような母親と縁を切ることについて、矛盾した気持ちを抱いている。母親に対する義務感には年季が入っているので、怒りや健全な自己防衛の衝動がこみあげてきても母親を捨てるわけにいかないのだ。そうしたすべてのことと縁を切るためには、過去を忘れ、母親の不運や憂鬱とは無関係な、自分にとって大切なことを優先させる必要がある。

ジョディにとってまず優先するべきなのは彼女の赤ちゃんだ。彼女を必要としていて、実際に無力で母親に頼らなくては生きていけない本物の子どもだ。ジョディは強くて健康的な母親になろうと献身的な努力をしていた。自分の母親がついになれなかったような母親になろうと、ジョディは心から望んでいたのだ。しかし、いい母親になるためには肉体的、精神的エネルギーをとても必要とする。しかも精神的エネルギーは無尽蔵ではない。あなたに子どもがいるなら、母親を助けるために精神的なエネルギーをいつまでも費やすことはできない。あなたにはあなた自身に、パートナーがいるならパートナーに、そして子どもたちに果たすべき責任がある。母親は母親で自分に対する責任を負わなくてはならないのだ。

依存症が問題になるとき、母親は依存する対象にますます多くの関心と金を注ぎこむのはまちがいない。それがアルコールだろうと処方薬や違法薬物だろうと、食べ物やギャンブルやセックスだろうと。母親があなたに与える影響を変えるには、そこから引き離すしかない。しかも、そのためには、あなたが教えこまれてきた行動を捨てなくてはならないのだ。秘密を守ること、救うこと、見張ること。これまで当然だったそういう行動をすべてやめなくてはならないだろう。たとえば、ジョディがしていたように、自分の赤ん坊をあやさずに母親がワインを何杯飲んでいるか勘定したりすること。それはつらい仕事だが、子ども時代の苦痛を新しい世代に伝えないようにするには、あるいは自分の中にずっと抱えこみ続けないためには、それしか方法がないのだ。

子ども時代の喪失――今も続く苦しみ

ジョディやアリソンのような娘は、自分の人生が「普通」に見えるように幼いときから精一杯の努力をして、母親の鬱状態、飲酒や薬物依存症、ネグレクトの証拠を隠そうとしてきた。彼女がきょうだいの世話をして、料理をして、掃除をした。母親の夫かボーイフレンドが暴力をふるうなら、母親の傷に薬を塗り、警察に電話するのは彼女の役目だった。彼女はぞっとするほど大きな精神的重荷を背負ってきたのだ。

あなたが母親としての役目を放棄するような母に育てられたなら、必要とされることで大きな満足を得てきたかもしれない。一見、その行動は崇高に見えるが、あなたはとてつもなく高い代償を支払った。子ども時代を奪われたのだから。そのことであなたには悲しみと怒りを感じる権利があるのだ。

六章　ネグレクト、裏切り、虐待をする母親

「あんたはいつもやっかいごとを引き起こす」

砂に卵を産み、また海に戻っていくウミガメと同じように、娘を産むとすぐに精神的にいなくなってしまう母親もいる。娘のそばにいなくて関心がなく冷たい母親は、肉体的には存在していても、自分の欲求で頭がいっぱいで小さな娘のことなど目に入らない。

これまで見てきたどの母親も共通して自己中心的だが、こうした母親は非常に精神的に不安定なので、娘の基本的な精神的欲求、ときには物質的な欲求までも無視する。彼女たちは世話をする能力がまったくなく、母親になれば自然に子どもと絆ができるから大丈夫だと嘘をつく。こうした女性は娘を物のように扱い、自分の人生がうまくいかないと娘を非難し、責め、ささやかなやさしさすら与えず、最悪の場合、娘を餌食にしたり虐待する人間から娘を守ることすらできない。はては自分自身が虐待者にもなりかねないのだ。

精神的に放棄し、裏切り、虐待をする母親は名前だけの母親だ。そして、こうした母親のあとには怯えて怒りに震えた愛情に飢えている娘がとり残されるだろう。

エミリー――見えない娘

建設会社で会計監査の仕事をしている三十六歳のエミリーは、恋人との二年になる交際のことで助力がほしいと連絡してきた。仕事上は有能で尊敬されていると、エミリーは語った。しかし、小さな

貿易会社を経営している恋人のジョシュとの親密さが消えかけているらしかった。

エミリー　わたしはいい友人に恵まれていて、収入も多いんです。でも家ではとてもみじめで。ジョシュとつきあいだしたとき、なんてセクシーでわくわくする人かしらと思いました。それに、彼は子どもをほしがっていると思ったんです。わたしはとても赤ちゃんがほしいんです。時計のチクタクいう音が聞こえる気がするほどです。でも、二人の関係が悪くなってしまって。ジョシュはまったく心を開いてくれないんです――いっしょに暮らしているのに、寂しくてたまりません。彼はいつもコンピューターに向かっていて、二人で出かけたときもほとんどしゃべらず、携帯ばかりいじってます。わたしは愛に飢えてます。ぞっとすることに、それがあまりにもなじみのある感覚で居心地よく感じるほどなんです。

わたしはどうしてなじみがあるのかと質問した。

エミリー　こんなことを言うのはとてもつらいんですけど、母がそんなふうだったんです。わたしに関心がなくて冷たくて。母は……わたしがそばにいるのが邪魔だったんじゃないかと思います。

ジョシュといると感じる孤独や疎外感は子ども時代に感じたものとそっくりだ、とエミリーは話した。

エミリー　母はわたしを産んでくれましたが、一度も抱きしめてくれなかったし、愛しているとも言ってくれませんでした。わたしとしゃべるときは、わたしのしたまちがったことを指摘するか、母にとってお荷物だと文句を言うときだけでした。一度など「生まれてこなければよかったのに」とさえ言いました。

スーザン　ああ、エミリー。そんな経験をしたなんて、本当にお気の毒だったわね。「生まれてこなければよかったのに」というのは、母親が子どもに言う言葉で、もっとも残酷でもっとも傷つけるものよ。

エミリーは涙をあふれさせた。「ありがとう」彼女は低くつぶやいた。「本気でわたしの話を誰かに聞いてもらったのは初めてなんです」

わたしたちはしばらく黙りこんですわっていた。それから、父親からは愛情を与えられたのか、とエミリーに質問した。

エミリー　父はほとんど家にいませんでした。とても長時間働いていたんです。振り返ってみると、母を避けるためにそうしていたんだと思います。ですから、わたしにはお手本も指導も愛情も支えもなかったんです。だけど、ほしくなかったのに、どうしてわたしを産んだんでしょうね？

母親にこれほどきっぱりと拒絶された経験をもつ人間は自分だけだと、エミリーは信じていた。しかし、悲しいことだが、そういう話はしじゅう耳にしていると、わたしは伝えた。たくさんの娘たちが、自分は無視されてきた、まるで姿が見えないかのようで、母親は愛情も抱擁も温もりも助力も与えてくれず、自分は邪魔者にちがいないと思った、と語っていた。

エミリーの母親のような人々は幼い娘を「うんざりする」とか「やっかい者」、あるいは自分の抱いていた夢と計画をめちゃくちゃにした存在としかみなさない。彼女たちのお気に入りの幻の人生には、子どもの世話という邪魔が入らないからだ。そして、そうした母親たちには小さな娘の愛らしい顔——無条件に母親を愛している無邪気な存在——がほとんど目に入っていない。

こうした母親を目にすると、不思議に思う。いたいけな哀れな子どもがミルクと同じぐらい不可欠な命の元である精神的な栄養を求めているのに、どうしてこんなふうに心を動かされず無関心で冷淡でいられるのだろうと。

こうした状況を作るのは何だろう？　理由はたくさんあり、さまざまだ。これほど冷たく無関心な母親は彼女自身がひどい傷を負っていると推測するしかない。彼女は拒絶されたか、愛のない家庭で育ったか、やさしさ、共感、寛大さといった基本的な感情を学ばなかったかだろう。そうした傷は自然に治るものではない。

こうした女性が大人になると、しばしば子どもを持たねばならないという社会的なプレッシャーにさらされる。本当は望んでいなくても、夫の希望に屈して赤ん坊を持つ女性もいる。思いがけず妊娠して、道徳観や宗教的信条のせいで、危惧を覚えながらも母親になる女性もいる。やがて赤ん坊が生まれると、赤ん坊を持つことは女性の人生を劇的に変えることを思い知らされ、赤ん坊の求める関心にどう応えたらいいのかわからない、という現実にいきなり直面するのだ。

エミリーの母親のような女性は愛情とは無縁だったにちがいない。母親という新しい世界を進んでいくときに、恐怖やいらだちをなだめてくれるような愛情がないと、そうした女性は怒りを募らせ、自分の娘が不満と退屈と人生が思うようにいかないことの原因だと考える。母親は娘が目の前から消えてくれればいいのに、とすら思うのだ。

求められないと感じることの傷痕

エミリーが経験したような精神的な放棄は、たとえば教会の戸口に赤ん坊を捨てたり、母親が別の男と暮らすために夜中に出奔したりすることに比べたら、さほど過激に感じられないかもしれないが、娘を非常にとまどわせ、途方に暮れさせ、傷痕を残す行為だ。

エミリー　わたしは子どものときに守られていると感じられなかったし、自分が子どもだとも思わなかったんです。セイフティネットを与えられなかったからです。教え導かれることもなく、愛も励ましも与えられなかった。人生を歩んでいくうえで、ほとんど何も手にしていなかったんです。生活の基本的なことにも、どう対処したらいいのかわかりませんでした。母はまったく頼りになりませんでした。わたしが母の娘だと実感させてくれたことは一度もなかったし、自分が母にとって大切な存在だとは一度も感じなかった。母の気が向いたときだけ相手にしてもらえる存在でしかなかったんです。

見捨てられた気がしました。初潮を迎えたとき、何が起きたのかわからず母のところに行きました。母はこう答えました。「自分で始末しなさい」

エミリーは何も関心を持たれないより、否定的でも関心を向けられた方がましだと幼いうちから考えるようになった。

エミリー　わたしがテストでカンニングしたり、廊下で男の子とキスしたりすると、少なくとも母は学校に来なくてはなりませんでした。そうすれば母がわたしのことを気にかけているというふりができました。結局、わたしはいろいろな面倒を引き起こしました。でも面倒でも起こさないと、わたしは目に見えない存在だったんです。

目に見えない。エミリーのような娘たちから、さんざん聞かされた言葉だ。母親はまさに娘を消去してしまったので、娘は愛に飢え、愛を手に入れるためなら何だってした。彼女たちは自分をそっくりそのまま愛してもらえることがあるとは、まったく知らずに育ったのだ。

エミリー　わたしには男性を見る目がないんです。わたしを愛してくれ、いっしょにいたがる男性を手に入れるためなら、お金、成功、計画、何だって捨てます。わたしの面倒を見てくれる人がほしいと思っているんですけど、うまくいった試しがありません。みんなジョシュみたいになってしまって――最初はとてもすてきなんですけど、そのうち距離を置くようになり、わたしがその場にいないみたいにふるまうんです（彼女は低く嗚咽をもらしはじめた）。

自分はいい関係を築いたり、いい男性を手に入れたりすることのできない、だめな人間だという気がします。いろいろなものを与えてくれる、ふつうの母親がいたらよかったのにって思うこともあります。

スーザン　エミリー、あなたが前へ進んでいくためにわたしが手を貸すわ。そのためには、「〜だったらよかったのに」と考えることはやめること。そう考えていると渇望と幻想からいつまでも逃れられないからよ。

わたしはふたつの事柄を解決しようと提案した。ひとつは現在の危機である彼との関係。それから彼女の子ども時代。ジョシュと今後つきあっていくかどうかにかかわらず、エミリーは自分が存在し、感じ、見えるようになる方法を学ぶことができるだろう。

守れない母親

雌ライオンは子ライオンに危害を加える相手とは命がけで戦う。それと同じように、愛情のある母親は子どもを守ろうとするはずだ。娘が生きていくために母親が果たさなくてはならない多くの責任のうち、もっとも重要なのは保護だ。知っていながら父親、継父などによる肉体的あるいは性的な虐待から娘を守れない母親は、犯人を助けるという罪を犯している。虐待を傍観していたり許したりすることで母親が娘を裏切るとき、それまで母親に精神的に放棄されてきたことがトラウマになりかねない。

自分の利益しか考えない母親は、自分が怪我をしたり捨てられたりすることが怖いせいで、虐待者に立ち向かう危険は冒さない。そして娘が殴られたり性的に虐待されたりしても見て見ぬふりをするだろう。どんなに残酷で暴力的なパートナーでも手離すまいとし、娘の悲鳴や懇願を無視し、はては関わらないことで自分は正しいことをしているのだと正当化さえする。こうした母親は危害が加えられているあいだ、目をそらし口をつぐんでいる。娘が恐怖に苛まれ、すべては自分のせいだと罪悪感に苦しんでいても知らん顔なのだ。

キム——昔のつらい記憶と対面する

キムは鳶色の髪をしたはっとするような美しい四十二歳の女性で、女性誌のライターをしている。十六歳の娘メリッサとの関係に摩擦と緊張が多くなったと、わたしに相談に来た。キムとメリッサはとても親密だったが、メリッサが親離れというありふれた段階に入り、母親よりも友人たちといっしょに過ごしたがるようになると、キムは心配でたまらなくなった。メリッサは友人に人気があり、優秀な学生で、キムはどうかこのまま、すくすく育ってほしいと願っていた。

キム　お母さんは自分を信頼してくれないと、あの子はしょっちゅう文句ばかり言っているんです。でも、とんでもないことをしないようにあれこれ制限することしかできなくて。門限は午後九時で、どこにいようともその時間に帰宅させるし、デートもお泊まりも禁止です。それはトラブルを招く元凶ですから。

どうしてそんなに心配しているのか理解できない、とわたしはキムに言った。メリッサはいい成績をとっているし、きちんとしているように思えた。

キム　たしかに。でもこの年頃の子どもは親がちゃんと見張っていないとどうなるか、知っていますから。あっというまに道を踏みはずしてしまうんです。

メリッサが無軌道な人生を送りかねないと、キムはネガティブな想像をしているようだった。十六歳の女の子がそういう強い束縛に腹を立てても当然だ。九時が門限では、夜に映画に行っても最後まで見ることもできない。しかしキムは娘には保護が必要なのだと主張した。

キム　世の中はおかしくなっているし、ちょっとしたことで子どもは面倒に巻きこまれるんです。わたしがメリッサを心配するぐらい、母がわたしを気にかけてくれていたらよかったのにとつくづく思います。そうしたら、これほど人生の荒波にもまれることはなかったでしょうね。

娘についての不安が自分の人生の問題と関連していないかどうか、慎重に考えてみてほしい、とわたしはキムに言った。昔のつらい記憶を思いだして重ねているのではないかと。

キムはしばらく考えこんだ。

キム　わたしはいい母親になれないいんじゃないかとずっと心配していたような気がします。この話はもっと早くするべきだったかもしれませんが……子ども時代は最悪でした。ただ、「もうそれは過去のことよ。今はいい人生だわ。歯を食いしばってがんばろう」って思ってやってきました。でも過去から、忘れたはずのつらい記憶が次々に甦ってきたんです。

キムの目に涙があふれた。一度「つらい記憶」にきっぱり向き合えば、もうそれほど強い影響は受けないとわたしは安心させた。「子どものとき、おうちでは何があったの？」わたしは質問した。

キム　信頼してこの話を打ち明けたのは夫だけです……子ども時代は悪夢でした。父は狂ったように怒りを爆発させて暴力をふるいました。しじゅう、わたしを殴り、壁にたたきつけたんです。そして母は無言の証人さながら、そばで見ていました。でも何ひとつしようとしませんでした！　自分も父にひどい目にあわされていたので、わたしがそうされるのを黙認していたんです。母が夫をつなぎとめ、家族の体面を保てるように、わたしが犠牲にならなくてはならなかった。母が気にしていたのは、世間がどう思うかということだけでした。

虐待が行われている結婚では、母親は怯えた子どもになる——娘の安全を守るよりも、自分自身を肉体的精神的暴力から守ることで頭がいっぱいになるのだ。彼女は家から虐待者を追いだすために必要な手を打たずに隠れている——ときには虐待者の殴打を受ける楯として、子どもを利用することさえある。

キム　母にはわたしを守り、わたしを気にかけてほしかった。でも、母はすべてを見ていながら、目が見えないかのようにふるまいました。

母親が現実を否定して生きているあいだ、キムは生け贄の子ヒツジになった。そうした境遇では、崩壊しかけた家庭の不健全なバランスを保つために、真実は邪魔になる。母親は真実に向き合ったら、何かしらしなくてはならない――警察や児童相談所に連絡するとか。しかし恐怖のあまり、そんな行動は考えることすらできないのだ。そこで沈黙と服従を選び、虐待から目をそむけていようとする。

キム　わたしの父は……異常でした。ベルトでわたしをひっぱたき、怒鳴りつけ、罰を与えました。わたしは何をやってもまちがっていたんです。あの家は毎日が地獄でした。溺れかけているように感じました……常に空気が足りない気がしました。五、六歳になると、わたしはかんしゃく、憎悪、怒り、恐怖について、誰よりもよく知るようになりました。父が死んでくれたらと願いました……そんなふうに願わなくてはならないことで、いっそう父を憎みました……殺せればいいのにとも思いました。そんなことを思う子どもがいるでしょうか？

それに母ときたら！　わたしが悲鳴をあげ、ベルトでぶたれている音を聞いているんですよ。助けを求めて泣いている苦しそうな声も聞いていました……それでも、一度もわたしを守ってくれませんでした。わたしは母の娘なのに、一度も……（ここでしばらくすすり泣く。それから涙をぬぐった）。

わたしにはまったく理解できませんでした。どうして祖母といっしょに暮らさなかったのでしょう？　祖母は大きな家に住んでいたので、わたしは余っているベッドのことを思い、どうして祖母のところで暮らせないのだろうと不思議でなりませんでした。行く場所があったのに、母はあの怪物と同じ屋根の下にわたしを置いておいたのです。母はわたしと弟の虐待を許したんです……わたしはみんなでおばあちゃんのところに逃げようと提案しました。でも、母は言ったんです。「そんなこと、できないわ。お父さんがわたしを手放さないでしょうから。無理なことは言わないでちょうだい。そんなことできるわけないでしょ。二度と口にしないで」わたしは無力感を覚え、常に怯えていました。誰にも相談できませんでした。声をあげても役に立たないと悟ったんです。だから文章で気持ちを表現するようになったんだと思います。とても孤独でした。誰を信じたらいいのかわかりませんでした。

信頼が大惨事になるとき

恐怖といらだちと裏切りが蔓延した家庭環境に置かれたため、人の心と状況を読みとる能力が損なわれ、キムは正確な感情のバロメーターを持てなかった。家を出ると、キムは誰も信頼しようとしなくなった。大半の守ってもらえなかった娘がそういう行動をとる。みんなが自分を傷つけたり裏切ったりするという誤った推測をしたり、危険な世界で自分は一人ぼっちだと思いこんでしまうのだ。そのせいで怖くなったり疑ったり、あるいは最悪のことを予想して、相手との親密さを傷つけることになる。そもそも、母親を信頼できなければ、他に誰を信じられると言うのだろう?

あるいはまったく逆の方向に向かい、けたはずれに人を信じやすくなるかもしれない。自分に関心を持ってくれる人を見つけることに必死になるあまり、警告サインを無視して、またもや虐待する相手と関わりを持ってしまうかもしれない。子どものときに守ってもらえなかった女性は、自分には愛される価値がないと信じている——無意識のうちに、もし自分に価値があるなら、自分が傷ついているのを母親は放置していなかっただろうと思っているからだ。「わたしになんて、いいことが起きるわけないわ」と守られなかった子どもだった女性はつぶやく。

「善良で親切な人は、わたしを心から愛してくれるわけがない」子ども時代に虐待された大人は、たいてい無意識のうちに子ども時代に慣れ親しんだ人々や行動に惹かれるものだ。キムのような娘は、潜在的に危険なパートナーを選んでしまう。

大学時代にキムはアレックスと出会った。頭のいい社交的な経営学専攻の学生だった。「ようやく人生がいい方向に進みはじめたという気がしました。わたしを心から愛してくれる人が現れたんです」つきあって一年後に結婚を申し込まれると、キムはわくわくしながらイエスと答えた。もっとも彼がときどきかんしゃくを起こすことは知っていたし、最初からそれが気になってはいたのだが。

キム　振り返ってみると、トラブルが起こるかもしれないというちょっとした瞬間をすべて思いだせます。料理が運ばれてくるのに数分よけいにかかったというだけで、彼はウェイトレスにキレました。すれちがいざまに、見知らぬ相手と通りで怒鳴りあいをしたこともあります。わたしは不安になりましたが、しょっちゅうあることじゃなかったので、たんに虫の居所が悪かったのだろうと思っていました。

キムはアレックスが爆発しかねないことを知っていたので怖かったが、そのことにある種の慰めも感じていた。慣れ親しんだものの力は予想以上に大きいものだ。しかし、キムは子どものときの仕打ちによって人格を完全には破壊されていなかったし、健全な部分が残っていたので、アレックスを適確に見ることができた。

結婚して二年たちアレックスの怒りがキムに向けられたとき、彼女を救ったのはその健全な部分だった。

キム　アレックスに対してはかなり我慢してきました。彼は飲まないと大丈夫だったのですけど、お酒をものすごく飲むようになると、たちの悪い酔っ払いになりました。かんしゃくもすごいんです。メリッサが生まれてから、それがとても怖くなりました。アレックスが怒ると、父にそっくりなんです。でもある晩、拳で壁を殴りつけ、いちばんいい食器を割りました。わたしがディナーに作った料理が気に入らなかったせいで。そのとき、離婚をして、わたしと娘を守らなくてはならないと悟ったんです。母がわたしに対してとったような態度は絶対に娘にはとるまい、と心に誓っていました。

キムは勇気をふりしぼって、アレックスの元を出た。再び自分が虐待されかけていたことと、メリッサが家庭内暴力の犠牲になりかけていたことに怯え、キムは児童虐待のサバイバーのためのサポートグループを見つけると、何冊も本をむさぼり読んだ。自分が一人ではないことを知り、自分の経験を理解してくれる女性グループに加わることで、キムは大きな力を得たのだ。

そして最近まで、ついに過去を置き去りにできたと信じていた。ライターとしてもうまくやっていて、二番目の夫トッドは成功した化学者で、彼女にもメリッサにもやさしかった。ただ、最近のメリッサとのいさかいは大きな悩みになっていた。

これまでつらい経験を乗り越えさせてくれた昔からの決意——「わたしは母のような母親には絶対にならない」——がいまや行く手に立ちはだかっていた。娘を常に見張っていなければ母親のようになるのではないかとキムは不安だった。だから過保護で厳格な母になった。すると信頼という以前からの問題が浮上してきたのだ。メリッサは責任感も分別もあると頭ではわかっていても、最悪のことを予想してしまうのだった。

カウンセリングを続けるうちに、キムは子ども時代の恐怖が娘に対する不安の根底にあることに気づきはじめた。子ども時代の経験の苦痛をとり除いていくにつれ、恐怖も不安もみるみる減っていった。メリッサに対する束縛はゆるみ、母娘は時間をかけて互いの善意を確かめ合った。そして、失ったのではないかと恐れていた愛情あふれる関係を再びとり戻したのだった。

ニーナ——犠牲者が悪者になるとき

保護しない母親の多くは、娘がなんらかの原因で虐待を「招いた」と非難して、虐待者の行動を正当化することに驚くほど長けている。

最初のカウンセリングで、四十八歳のコンピューターシステム・アナリストのニーナは、人間関係をもっとよくする術を学び、自己イメージを改善したいと言った。背が低く、服がしわくちゃで、白髪交じりの髪をひっつめ、メイクをまったくしていないニーナは、これまで男性と真剣な交際をしたことがなかった。

自分をどう見ているかと、わたしは質問した。

ニーナ　(膝に視線を落として)　わたしは不器量だし、気がきかないんです。鼻は大きすぎるし、目はくっつきすぎてます。誰もわたしなんて求めてません。鏡を見ればわかります——はっきりと。

鏡は中立だ、とわたしは言った。鏡は「あなたは不器量だ」とか「誰もあなたを求めてない」とは言わない。でも、彼女はそういう言葉を定期的に聞かされて育ったのだった——両親から。

ニーナ　わたしは家族のやっかい者でした。みんなかわいいブロンドの女の子をほしがったのに、わたしはチビで色が黒くてみっともなかった。関節の具合が悪いので、子どもの頃は本当にぶざまでした。しょっちゅうころんでいました。関節がしっかりしていなかったんですが、長いあいだその原因がわかりませんでした。母は医者をあまり信用していなかったのです。母は「注意を引くためにころんで、お父さんを挑発しているんでしょ」と非難しました。

「何を挑発するんですか？」わたしは質問した。

ニーナ　（長いあいだ黙りこんでから）わたしを殴ることを。父はわたしがころぶと殴るようになりました。わざとやっていると怒られました。それから不機嫌なときはいつも殴りました。拳で。革ひもで……わたしはころぶまいとしましたけど、どうしてもころんでしまって。小さかったときは、父が仕事に出かけるまで、姿を見られないように部屋に閉じこもっていました。

守らない母親の多くがそうであるように、ニーナの母親も残酷で批判的で、自分の臆病さと娘を無視していることを正当化するために、ニーナを非難した。「お父さんを怒らせるんじゃないの」彼女は怯えた娘に言った。「お父さんの悪口を言うのはやめなさい。聞きたくないわ」虐待する夫をほめそやし、娘はこきおろした。たとえば「どんなに一生懸命お父さんが働いているかわかってるの？ちっとも感謝してないでしょ。家族の一員としてちゃんとふるまいなさい」

虐待のある家庭内では、逆の論理がまかりとおる。肉体的問題を抱えていながら治療もされなかった小さなニーナは悪者で、父親は子どもが彼に怯えて隠れていても「犠牲者」になった。「お父さんに感じよくふるまって、おはようございますと言って、にっこりしなさい」ニーナの母親は命じた。あなたを殴る男に、にっこりしろと。

同時に、母親は娘の自己イメージをたたき壊した。

ニーナ　母はわたしを見るといつも嫌そうに首を振りました。まるでこんなやっかい者といっしょに暮らさなくてはならないなんてうんざりだわ、と言わんばかりに。そして、あなたは本当に醜いわね、と言いました。

驚くほどの回復力で、ニーナは家を出られる年になると自分のための人生を築いた。コンピュータ－のトレーニングを受け、貯金をして、できるだけ遠くに引っ越した。しかし母親の言葉は耳にこびりついていて、頭の中ではてしなく繰り返されるのだった。

○あなたは利己的だ。
○あなたは感謝していない。

○あなたは醜い。
○あなたはゆがんでいる。
○あなたは絶対に彼氏を見つけられないでしょう。

ニーナがそれほど引っ込み思案で内気だったのも不思議ではなかった。母親に意地悪なことを言われ、うまくいかなかったことを全部自分のせいにされてきたので、他人に傷つけられるにちがいないと信じ、仕事に必要ではない人間関係を避け、一人で過ごしてきたのだった。

ニーナとわたしは母親によって押しつけられたゆがんだイメージから、彼女の本当の姿を探りはじめた。しかし、二度目の一対一のカウンセリングのあとで、彼女がもっとも必要としているのは孤独を打ち破る状況だとわたしは感じた。グループセラピーなら理想的だろう。現在わたしはグループセラピーを行っていないので、ニーナを信頼できる同業者に推薦し、グループでいても居心地よく感じられるようになったら、わたしたちのカウンセリングは減らせるとニーナに告げた。人々の前で話をすると考えただけでニーナはガチガチに緊張したが、二度目のグループセラピーのあとで、ようやく口を開く勇気を出した。みんな、耳を傾けてくれた、と彼女は報告した。時間がたつにつれ、怖がらずにグループのメンバーの目を見ることができるようになり、初めてニーナは他の人々とつながる喜びを経験した。

母親が怒りをコントロールできないとき

ネグレクトする母親の裏切りはショッキングだ。しかし、母親自身が虐待者になると、さらに胸が痛むような強いショックを覚える。

いきなり、娘の巻き毛をなでているはずの手が拳になるのだ。あるいはベルトやコートハンガー、木製スプーンをつかむ。あなたに愛を与えるべき女性は、あなたを怒りの目でにらみつけ、殴りつける。

母親の怒りはすべてを変える。ありふれたキッチン道具が凶器になる。子どものやわらかい体はあざだらけになり、骨が折れるかもしれない。母親は怪物になるのだ。

臨床心理士になってまもなく、子ども時代に虐待された人々の話を聞いたとき、子どもに肉体的虐待を加えるのはおもに家庭にいる父親か男性だろうと推測した。しかし経験を積むにつれ、母親も同じように暴力をふるうとわかった。

こうした女性は非常にゆがんでいて、精神的に病んでいる者もいる。そして怒りに駆られると、衝動をコントロールすることができなくなる。虐待する母親が怒りに支配されると、娘は母親を傷つけたり失望させたりしたすべての人間の象徴になるのだ。子どもは母親の未解決の怒り、憤懣、不快感、拒絶に対するおぞましい引き金となり、母親が抱えこんできた醜悪なものの都合のいい捨て場所になる。

わたしのクライアントのデボラは背筋が寒くなるような例をあげた。

デボラ　子どもの頃は、いつ母が怒りを爆発させるかわかりませんでした。わが家はまるで生き地獄でした。常にわめいたり叫んだり罵倒したり、暴力がふるわれたり。母はとても意地悪でした。わたしの顔をひっぱたいたり、頭を殴りつけたりしました。針金のコートハンガーでぶちました。

腕や手や背中を。で、わたしがバスルームに逃げこむと、追いかけてきてロックを鉛筆で開けたんです。わたしにわめき散らし、おまえは甘やかされたガキで、ぞっとする娘だと言いました。それから何度も殴りつけ、髪の毛をひっぱりました。母の言いつけどおりにしないと、壁に鼻を押しつけて廊下に何時間も立たされました。脚に力が入らなくなって倒れると、腕をつかまれて立ちあがらされ、ちゃんと立つまで脚の裏側をひっぱたかれました。情け容赦ありませんでした……幼い子にどうしてあんな残酷なことができたんでしょう。よく生き延びたものだと思います。

デボラ——怒りに対処することを学ぶ

小さいが成長している会社を経営する四十一歳のグラフィックデザイナーのデボラと会った。デボラはできるだけ早く会ってほしいとメールしてきたのだった。八つの娘に怒りを爆発させ、そのことで怯えていた。「困ったことになっています」彼女はメールに書いてきた。数日後、診察室に入ってきたデボラは青ざめ不安そうだった。簡単な経歴について聞いてから、わたしは今、起きていることを話してほしいと言った。

デボラ　このあいだ娘をもう少しでぶちそうになって、すごく怖くなったんです。とても腹が立って、まともにものが考えられなくなっていました。ひょっとしたら娘をぶっていたかもしれません。ぶちませんでしたが、もう少しのところだったんです。それだけは絶対にやるまいと決意していたのに……言い訳するわけではありませんが、最近とってもプレッシャーがかかっていて。十歳以下の子どもが三人いるうえに、ビジネスが好調でとても忙しいんです。それはありがたいんですが、長時間仕事をして家に帰ったときは、もうぐったりなんです。木曜の夜、家に入ったら、八歳の娘のジェシカがリビングでテレビを見ていました――他の子どもたちは二階で父親と野球を見ていました。何を考えたのかわかりませんけど、あの子ったら、ソファのクッションで要塞を作って、食べ物を運びこんでいたんです。犬とふざけていたらしくポップコーンがそこらじゅうに散らばり、コークがラグにこぼれて染みになっていました。しかも、その散らかった中にすわって、くだらないショーを見ていたんですよ。わたしはリモコンをつかんでテレビを消し、散らかっているものを片付け、すぐにベッドに入りなさいとガミガミ言いました。少なくとも一週間はテレビ禁止、いいというまでテレビの前でスナックを食べるのも禁止、と宣言したのです。

ジェシカはただそこにすわっていました。さっさと言われたようにしなさいと叱ると、娘が意地悪ばばあ、とつぶやくのが聞こえたので、わたしはプッンとキレて、怒鳴りつけたんです。思いだしてもぞっとします。「よくもそんな口がたたけるわね。あんた、いったい何様だと思っているの、この恩知らずのくそったれ。もううんざりよ。あんたのためにくそいまいましいほど働いているのに……」これまで子どもたちに向かってそんな言葉遣いをしたことは一度だってなかったんです。犬の引き綱がテーブルに置いてあったので、わたしはそれをつかみ、自分の手が何をしようとしているかを感じて……ああ、なんてことかしら、スーザン。ジェシカは怯えていました。その表情なら嫌というほど知っています。まさに子どものときのわたしでした。母に殴られそうになったときの。わたしは母のようになりかけているんでしょうか？……そんなふうになるわけにはいきません。母は頭がおかしかったんです。わたしもおかしいんでしょうか？　わたしは猛烈な怒りを感じました。

怒りはたんにとても強い感情にすぎない、怒りを感じるからといって、あなたがおかしいわけではない、とわたしはデボラを安心させた。デボラは動揺して当然だったが、怒鳴ったりぶったりしても子どものためにならない。怒りは怒りしか教えられないのだ。デボラは心の中に抑えこんできた怒りと向き合う必要があった。そして、そのためには、子ども時代に受けた虐待について綿密に検討しなくてはならなかった。

デボラは三つか四つぐらいから母親にぶたれていたと語った。恐ろしい殴打がどういうふうに行われたか、まざまざと目に見えるように説明した。家を出られる年になると、暴力から離れ、二度とそれを自分の人生に入れないことを使命にした。大学に行くと、母親との接触を一切断った。生活費をまかなうために、ふたつの仕事をかけもちしなくてはならなかったが。そのうちのひとつがグラフィックデザインの会社で、卒業するとフルタイムの仕事に結びついた。そして数年前、自分のウェブデザイン会社を起業したのだ。

デボラ　母と連絡を断ったとき、これですべてがよくなると思いました。とりわけ子どもが生まれ、自分の家庭を築いたときには、その思いを強くしました。自分自身の子どもを持つと、母親が自分の娘を傷つけるなんてとうてい信じられませんでした。母はわたしとへその緒でつながっていたんですよ。わたしは母の胎内にいたんです。わたしは子宮で赤ちゃんが大きくなっていく感覚を経験しました。初めて赤ちゃんの顔を見たときの感動……それなのに、あんなに残酷に……どうしてあんな真似ができたんでしょう？　それについて考えると激しい怒りがわきあがります。

虐待された娘の多くがそうだが、デボラも怒りの火山を内に抱えていた。母の手によって与えられた苦痛、屈辱、恥のせいで。そして今、自分自身の子どもに怒りを爆発させてしまい、またそういうことを繰り返すのではないかと恐れていた。治療しなかったら、娘自身が今度は虐待者になりかねないのだ。

「ごめんなさい」と言うのはかまわない

デボラはまず娘との関係を落ち着かせることが大切だと承知していた。「ジェシカはわたしから隠れているんです。まだ怯えているんです。どうしたらいいんでしょう。あの子の心に傷を与えてしまったんだと思います」

まず謝ることから始めてみたら、と提案した。まちがっていたときに謝ることは、子どもに与えることのできる大きな贈り物だ。弱い立ち場になったり正直に非を認めたりすることは、恐れる必要がないと、娘に教えることができる。そして自分の過ちを認めるぐらい娘を尊重していることも。さらにジェシカの側にも、行動を改めるように求めるといいだろう。「あなたがとても一生懸命仕事をしていること、そして帰ってきたときはくたくたに疲れていることをわかってもらわなくてはならないわ。さらに、散らかしたものは自分で片付けてほしいと伝えましょう」とわたしはアドバイスした。

謝罪はうまくいったと、デボラは報告してきた。ジェシカに両腕を差しのべると、娘は胸に飛びこんできて母親にぴったりと体を寄せた。デボラはその髪をなでた。今、デボラは自分の怒りの根本を必死になって探っている。わたしたちは次のカウンセリングで彼女の怒りに焦点をあてた――それに彼女の悲嘆に。

性的虐待の二重の裏切り

娘が性的虐待を受けていることを母親が知りながら何もしてくれないと、娘にはかりしれないほどの苦痛をもたらす。性的虐待は娘の心に深い恥辱を刻みつけ、自分は汚され、孤独だという気持ちにさせる。娘は自分を「傷物」だとみなすのだ。

長年、この話題について率直に話しているが、いまだに多くの人々は、この犯罪を引き起こす衝動についてはっきり知らずにいる。その衝動は最初は性的なものではなく、虐待者が支配力をふるいたいという冷酷な欲求を感じ、その権威を利用して犠牲者（二人の娘がいれば二人の犠牲者）を従わせようとすることが多い。彼は操るか、巧みに言いくるめ――「パパを喜ばせて」「男の子とデートするようになったら何が起きるかを教えてあげよう」――娘に共謀していると感じさせ、娘にいっそう深い罪悪感と屈辱を与える。それは本来なら、虐待者自身が感じるべきものなのだ。

虐待者は自分の求めているものをいたいけな三つとか七つの、あるいは十代前半の娘から手に入れる。娘が肉体と精神を冒瀆されて深い傷を負い、信頼していた大人の裏切りに打ちひしがれるかもしれないとある程度予想していても、彼は思いとどまろうとしない。性的虐待者は外の世界ではいかにうまくふるまっていても、私生活では機能不全できわめて情緒不安定だ。

そして、家庭内で起きていることを知っているか勘づいていながら、何も問題ないというふりをしている母親は？　この章で見てきた他の母親同様、彼女は過剰に依存しているので、夫だろうとボーイフレンドだろうと別の家族のメンバーだろうと、虐待者に立ち向かうことができない。しかも娘を安全に守る意志がないし、その能力もないのだ。

性的虐待が起きるのは、役割の定義が非常にあいまいになっているきわめて混乱した家庭だ。わたしは多くの犠牲者をカウンセリングして、彼女たちが自信、尊厳、自尊心をとり戻すように働きかけてきた。ここでは、ある典型的な例をとりあげよう。それは無言の母親と虐待者に一石を投じるものになるはずだ。あなたが性的虐待を受け、守ってもらえなかったのなら、この例にあなたの経験の多くを見いだすはずだ。そして、こう保証したい。あなたも回復することができると。恐れを捨てて起きたことと向き合うことで、回復のプロセスは始まるのだ。

キャシー――手当しなくてはならない傷

キャシーはしゃれた服装をした三十三歳の女性で、経理部長として働いている。たびたび鬱状態になるせいで、二人の幼い娘が心配していると相談してきた。それは父親から受けた性的虐待の長期的な影響によって引き起こされたのだと、賢明にも彼女は認識していた。彼女の話はよくあるものだった。

キャシー　生まれてからずっと、このことと戦ってきました。父はわたしが八つのときに虐待を始めたんです。おぞましかった……でも、もっとひどいことだってある、他の人たちはもっとひどい仕打ちを受けている、って自分に言い聞かせようとしました。だけど子どもを持ってから、その記憶がますます鮮烈になってきたんです。ともかく、ものすごく悲しくなってしまって。わたしがつらいのは子どもたちのせいだと思ってほしくなくて、ここに来たんです。わたしが沈んでいると、上の娘までおなかが痛いと言うようになったんです。まるでわたしの鬱屈を感じとったみたいに。あの子をそんな目にあわせたくないんです。ですから、そろそろ過去と本気で対決しなくちゃって思いました。たくさん本を読んで、自分なりに努力もしてきました。前よりはよくなったと思ったんですが、まちがってました。まだだめだったんです。

キャシーは賢明にも、わたしのところにやって来た。性的虐待は、絶対に専門家の助けが必要な人生経験なのだ。キャシーのような経験をした人は、季節の変わり目に鬱状態に襲われる。しかし、いいセラピストと出会ってカウンセリングをたくさん受ければ受けるほど、虐待の記憶は力を失っていく。その努力は、あなた自身とあなたの家族に対する愛情のこもった贈り物なのだ。

最初の一歩はどういう虐待が家で起きていたかについて語ることよ、とわたしはキャシーに言った。当然、それはつらいことだったが、彼女は勇気を奮い起こして前進していった。

キャシー　八つのときに悪いことが始まりました。両親のベッドにすわってテレビを見ていると、父が「お馬さんごっこ」をしたがったんです。そしてわたしを彼の勃起したものの上で跳ねさせました。最初は何が起きているのかわかりませんでした。そのうち父は手や口でわたしに触れ、わたしにも彼に触らせるようになりました……挿入はしませんでした。でも忌まわしいことでした、スーザン……。

スーザン　もちろん、忌まわしいことだわ。あなたは混乱していた。怯えていた。だから挿入されるまでもなく、それは性的虐待と言えるのよ。

性的虐待は、挿入の有無にかかわらず一連の性的な行動について言う。すべてが子どもの信頼を裏切るもので、虐待者はその権力を行使して、被害者に強制する。性器を子どもにさらす、ポルノを見せる、服を脱ぎ裸体を見せるように命じるといったことは、実際に肉体的接触がなくてもすべて性的虐待の範疇に入る。接触がある場合、虐待はさまざまな形をとる——子どもの性器、尻、胸に触れる、子どもに大人のそれらを触らせる。子どもに大人の性器をこすりつける。指、あるいは物を挿入する。オーラルセックス。セックス。

あなたの肉体はあなたが住んでいる場所だから、それが侵害されると全身でその衝撃を感じる。秘密にしておかねばならないような子ども相手のいかなる行為も、おそらく性的虐待というレッテルを貼れるだろう。そして、ほぼ確実に犯罪行為なのだ。

見て見ぬふりをする母親の否定と非難

キャシーの虐待は何年も続いた。わたしは誰かにそれを話したかと質問した。

キャシー　父は何も言うなと口止めしましたが、十歳のときに母に打ち明けました。やめてほしかったんです！　でも母は基本的に何もしませんでした！　母が父に話すと、父は二度としない、カウンセリングを受けると約束しました。そのどれも嘘でした。性的虐待はずっと続いたんです。

愛情ある母親なら、娘が虐待されていると知ったら、怒りに震え、虐待をやめさせるためにすぐに行動に移るだろう。「わたしの娘にそんなふうに誰かが触れたら、そいつを殺してやる。すぐに警察に電話するわ！」とわたしの以前のラジオ番組に電話してきたあるリスナーは言った。彼女は典型的な保護し戦う母親で、すべての娘はそういう母親を持つ権利がある。しかし、正当な怒りや力が欠如している母親の娘は、肉体的にも精神的にも虐待されているのに、何年も放置されるのだ。

さらに悪いことに、ニーナの例で見てきたように、無能力な母親は娘の方に虐待の責任があるような態度をとる。そうした母親が犠牲者の娘を責めるときの言葉は酸のように娘をむしばむのだ。

○お父さん（あるいはパートナー）はそんなことをするつもりはなかったのよ。あなたが誘ったんでしょ。
○やめてほしかったらお父さんを止められたはずよ。
○あなたは楽しんでいたにちがいないわ。
○そんなぴっちりしたショートパンツをはいていなかったら、こんなことは起こらなかったのよ。

母親は虐待が起きていることを以下のような言葉できっぱりと否定するかもしれない。「注目を集めるためにでっちあげているんでしょ」「ありえないわ」「お父さんに仕返しするために言ってるんでしょ」

もし彼女が喜んで娘を「守る」としても、たいてい役に立たない形をとる。「ドアに鍵をつけなさい」「お父さんに近づかないようにしなさい」

どうしてこんな否定、冷淡さ、共謀がありえるのだろう？　娘が性的虐待を受けることを許す母親は、受動的で恐怖心が強く自己中心的だ。家庭が壊れたらどうなるかと怯えているのかもしれない。他人に知られたときに自分が感じるはずの恥辱や罪悪感を避けたいのかもしれない。娘の虐待は夫が経済的に家族を養っていることに対して払う代償だと考え、行動を起こしたら直面するはずの騒ぎや結果を恐れているのかもしれない。

能力のない母親は、ほぼ完全に共感や同情に欠けている。愛情や保護は彼女の感情のボキャブラリーには含まれていないのだ。

裏切りの第二レベル

いかなる虐待にしろ、娘がその傷から回復していく過程で、母親がどういう反応をするかが大きな影響を及ぼす。娘が自分に起きたことをどう考えるか、のちに自分自身についてどう感じるかは、きわめて重要だ。愛情ある母親は娘の話を信じ、あなたは何も悪いことをしていないと安心させ、虐待が二度と繰り返されないように行動を起こすだろう。たいていの場合は、離婚をするとか虐待者を逮捕させるとかだ。娘の正当性をはっきりさせるこうした行動がないと、娘は傷を受けて汚され、自分が変わってしまったように感じる。

キャシーはひきこもることで対応した。それによって自分はあまり求められなくなる、そうなれば安全だろうと信じたからだ。

キャシー　長いあいだデートをすることに関心がありませんでした。わたしなんて誰も求めませんよね？　実の父親がひどい真似をするような娘なんですから。むなしさや孤独を埋めるためにひたすら食べました。誰も信用しなかったし、しじゅうストレスを感じていました。大学でものすごく体重が増え、よけいに自分がみじめに感じられました。鬱状態のことでカウンセリングを受け、どうにか体重を落としたのですけど、それでも決して愛されることはないと思っていたんです……。

大学卒業後、広告会社でインターンとして働くうちに、奇跡が起きたんです。

仕事先でキャシーはイーサンと友情をはぐくむようになる。彼は親切で楽しい男性だった。互いに惹かれあう気持ちは恋愛に発展した。

キャシー　イーサンは本当にすばらしい人でした。わたしの悩みを具体的に話したら、彼を傷つけるだろうってわかってました。でも十三年にわたる交際のあいだに虐待について話すと、彼はわたしの味方になってくれ、わたしがもっといい人間になろうと努力するのを応援してくれました。彼はまさに天の賜でした。

しかしイーサンの愛情と支えがあっても、キャシーは虐待の記憶にいつ襲われるかと不安だった。娘が生まれるたびに、記憶がまざまざと甦った。夫が娘たちを入浴させたり着替えさせたりするときにも。これは珍しいことではない。子どもを持つことは、暗い記憶を呼び起こす強力な引き金になる。その他に親の死、テレビや映画の虐待シーン、自分が初めて虐待されたときの年齢に娘がなったとき、などが引き金になりうる。

キャシー　母はそういうことは忘れるべきだと考えていて、最近も、屈辱を感じるから、それについてはもう話したくないと言われました。何が屈辱なのかは母にはわかっていません。わたしは自分の人生を母に否定されたくないんです。母はまるで何も起こらなかったように行動しています。わたしもすべてを過去のものにしたいけど、母は手を貸してくれようとしません。わたしはそのことでも腹を立てています。先に進むには許さなくてはならないと言われていますよね。そうできたらと思うんですけど。

スーザン　あなたのお母さんがしたことはひどいわ、キャシー。誰がどう言おうとも、お母さんを許す必要はないのよ。でも彼女の裏切りが及ぼしている影響力からは離れなくてはならないわ。許しはすべてを変える魔法の杖ではないのよ。とりわけ両親が極悪非道の行為の責任をとるために、何ひとつしようとしないときは。

キャシー　そう言ってくれてありがとう。今は二人のかわいい娘がいるから、怒りがしじゅう表に出てくるんです。わたしは誰にも子どもたちを傷つけさせない。誰かに傷つけられる可能性のある状況には、絶対に娘たちを置かない。問題は、どうして母がわたしと同じように感じてくれなかったのかを解き明かすことだと思います……。

「なぜ」にこだわるのは生産的ではないと、わたしはキャシーに言った。なぜなら真相には決してたどり着けないかもしれないからだ。実際に起きたこと、それがどういう影響を与えたか、今それについて何ができるか、そういうことを直視することから癒しは生まれるのだ。

傷ついたが、取り返しのつかないほどではない

わたしの長いキャリアにおける仕事でもっとも誇りに感じているのは、精神的健康の専門家の一人として、性的虐待を隠れていた秘密の洞窟から白日のもとに引き出したことだ。つらい戦いだった。わたしは世間が（それに精神医学の専門家が）耳を傾けてくれ、性的虐待がもはやタブーではなくなるまで、ラジオ、テレビ、セミナー、新聞の取材でしゃべり続けた。現在はそうした虐待が蔓延していることや、それがもたらす傷の深さについて、前よりも理解されるようになった。肉体的虐待とネグレクトについてもより理解が進んでいる。

エミリー、キム、ニーナ、デボラ、キャシーのような女性たちの勇気と決意には、いつも深く心を動かされる。母親の裏切りにもかかわらず、治療によって彼女たちはサバイバーとなり、豊かな人生を歩み続けている。

あなたが精神的ネグレクトや肉体的あるいは性的虐待の被害者で、きちんとした慰めもケアも与えられていなくても、あなたの人生は行き止まりではないのだ。これははっきり断言しておきたい。ネグレクトや虐待の影響は苛酷だが、癒しもまたきわめて劇的だ。あなたは破滅してもいないし、呪われてもいない。傷ついたとしても取り返しがつかないほどではないし、その傷からかえって大きな英知が手に入れられるだろう。たとえば同情や共感が、あるいは誰かに不当な扱いをされたときに、それを知らせてくれる繊細なバロメーターが。それらを利用することは、よくないものからよいものを生みだすことだ。第二部ではその方法をお見せしよう。

第二部　母親に与えられた傷を癒す

第二部のまえがき

このあとの章では、きわめて有効なテクニック――ロールプレイング、手紙を書くこと、視覚化、役に立つ課題――をご紹介したい。わたしはそれを利用して、これまで登場した女性たちからとまどいや苦しみや怒りをとり除き、母親に対して感じている苦痛は彼女たちのせいではないことを気づかせることができた。

読み進みながら自分で実践してみれば、母親の愛情のない行動はあなたに責任がないことがわかるだろう。あなたには精神的に放棄されたり、束縛されたり、虐待されたり、いじめられたり、母親を優位に立たせるためにけなされたり、といった行為をされる理由はまったくないのだ。あなたには愛される権利がある。母親はあなたに温もりも安心感も支えも大切にされているという感覚も、与えることができなかったのだ。これからの章では、あなたの心のもっとも深い部分で真実を受け入れる手助けをするつもりだ。あなたの傷が癒え、母親との関係について健全な決断を下す前に、あなたは理性でも感情でも、起きたことを完全に把握しなくてはならない。

クライアントの話やメールだけではなく、わたし個人の経験から、そうした認識が非常に痛みをともなうことは知っている。しかし真実を受け入れる勇気を持てば、あなたは母親に不適切な育て方をされた傷から自由になれるのだ。ゆっくりと自分のペースで進んでいこう。この本を少し読み進めたら、時間を置き、それが心に染みこむのを待ち、また先に進もう。感情を押しこめないように。あなたはさんざん泣くだろう――それはかまわない。悲しみと怒りは癒しのプロセスにおいて自然だし必要な部分だ。涙はある場所から始まり、別の場所に流れこむ川のようなものだ――傷が癒える場所へとあなたを運んでいってくれるだろう。

ひとつ注意していただきたいのは、このあとの章の課題が、セラピストやサポートグループとじかにやりとりすることや、「十二ステップのプログラム」（訳注・AAなどで使われているプログラム）に代わるものではないことだ。現在、あなたが苦しみをまぎらわせるためにドラッグやアルコールを利用しているなら、専門家の助けが絶対に必要だ。子ども時代に肉体的あるいは性的な虐待を受けたなら、専門家の助けが絶対に必要だ。現在、あなたが苦しみをまぎらわせるためにドラッグやアルコールを利用しているなら、十二ステップのプログラムに加わるか、依存症の専門家に相談して、最低でも三ヶ月間ドラッグや酒を断ってから、この本の課題に取り組んでほしい。回復の初期段階では、あなたはとても傷つきやすく生々しい感情がむきだしになっている。その時点で子ども時代のつらい記憶を探ると、薬物濫用という過去のパターンに逆戻りしかねない。さらに、鬱状態に苦しんでいるか、過去にそうだった場合は、現在はその治療法がたくさんあることを知ってほしい。自分は一人ではないと理解していることが大切だ。

まず心の領域の前に、冷静な知覚の領域からとりかかろう。健康な人間は考え、かつ感じることができる。わたしは両方のバランスをとるのに手を貸すつもりだ。前述のカテゴリーに入らないなら、自分一人である程度は実践できると思う。コミュニケーションの訓練はたいていの人にとって安全だし、大きな変化をもたらしてくれるだろう。ただし、この本は専門家の支援といっしょに利用することで、もっとも大きな効果を発揮することを覚えておいてほしい。

このあとの章では圧倒されるような感情に対処することになるので、頼れる人を作ることが大切だ。現在、セラピーを受けていたり、その予定なら、この本を持っていって、いくつかの課題をそこでやってみてもいいだろう。必要な助けを求めるのは、弱さではなく強さの証だ。ガイダンスや確認や支えを得るために、本のページに繰り返し戻ってもかまわないことを心に留めておいてほしい。

いいセラピストを選ぶためのガイドライン

セラピストの力を借りようと決意したら、ともに課題をこなしていく相手が、いっしょにいて心休まる人間で、不健全な家族とそれが与えるダメージへの対処について経験が豊かであることを確認しておこう。母親との関係が苦痛をもたらす傷痕を残しているなら、あなたといっしょに泥にまみれることを躊躇しないいセラピストが必要だ。それによって、あなたはより強く、より健康になれる。

あなたの履歴を聞いて、以下のようなことを言うセラピストはさっさとやめた方がいい。

○それはすべて過去のことだ――先に進まなくてはならない。
○対処するのは、今ここでだけにしましょう。
○お母さんに少し理解を示してあげなくては。お母さんも問題を抱えているのです。
○自分を哀れに思って一生を過ごしたくないでしょう。
○許して忘れ、人生と折り合っていかなくてはいけませんよ。

こうしたコメントはすべて尊大で、あなたの感情や経験を低く見ている。あなたの過去をそのようにとらえる人間と治療を始めると、あなたは混乱し、いらだちを感じ、すでに自己を責めているのにさらに責めることになるだろう（「どうしてわたしはこんなに赤ちゃんなのかしら?」「どうしてこれを克服できないのかしら?」)。ただすわって「なるほど」とか「それについてどう感じますか?」と言っているだけではなく、フィードバックしてくれて、積極的にあなたと関わってくれるセラピストを探そう。あなたの直感を信じよう。セラピストといるときに居心地よく安全に感じられない、あるいはちゃんと話を聞いてもらえないなら、その人はあなたにふさわしいセラピストではないのだ。

落ち着いて——急ぐことはない

自分自身にとてもやさしくなろう。そしてこの本を利用しているあいだ、書き、散歩し、考え、休息する余分な時間を自分に与えよう。この本の課題をこなしているとき、あなたの感情は揺れ動き、起伏が激しくなるかもしれない。したがって、もっと冷静になり、はっきりと論理的に考えられるようになるまで、大きな決定を下さないように。愛情関係で問題を抱えていて、その関係を続けようかどうか迷っているなら、母親との状況を解決するまで衝動的な行動をとらないようにしよう。

この本を読むだけで、あなたの人生を魔法のように変え、母親の愛情のない行動が与えた傷を癒せるとは約束できない。わたしに約束できるのは、わたしが教える作戦を利用すれば、苦痛と混乱が今よりもやわらぐということだ。それによって、あなた自身とあなたの母親を新たな視点から眺めることができるだろう。そうして得られた曇りのない真実は、母親との関係に健全な決断を下し、あなたの人生を再建する土台として、どうしても必要なものなのだ。

七章　真実の始まり

「すべてわたしのせいではないということがわかりはじめる」

○ノーと言いたいときにイエスと言う。
○自分の権利は守ろうと心に誓っているが、何度も何度もしりごみする。
○自分が成長し、自分の人生の権利を主張し、母親の影から抜けだす方法が見つからない。

これらはどれも筋が通らないことだ。論理的に考えれば、あなたにはたくさんの選択肢があることがわかっているはずだ。「わたしは大人だ。罪悪感がわきあがるからランチをいっしょにとれないと、母に言えるはずだ」とあなたは自分に言う。「友人とのランチの予定は変更できる。それなら何が問題なの？　これほど簡単なことがどうしてできないの？」

答えは母親があなたの頭にたたきこんだメッセージにある。あなた自身と母親との関係について誤った考えを埋めこんだのだ。健全な母娘の関係では、あなたが母親から受けとるメッセージは慈愛にあふれ、あなたに自信を与え、成長と独立へ後押しするものだ。

しかし、それは起きなかった。母親はあなたではなく自分の欲求にばかり気をとられ、自分の悩みを解決するために消耗しきっていた。愛情のない母親が娘を傷つける行動を正当化し、娘に責めを負わせることはよく見受けられる。娘がその非難をおとなしく受け入れ、自滅的なパターンに陥ることも同じように頻繁に目にしてきた。娘が大人になっても、そういう母親との関係が続いていく。それがあなたに起きたことだ。あなたは誤ったメッセージによってプログラミングされたせいで、自分自身の利益に反するように行動し、まず母親を優先するようになってしまったのだ。

そうしたメッセージは言葉だけではなく、母親の行動によっても、あるいはボディランゲージによっても伝えられる。たとえばため息、目を非難がましくぐるっと回す、あなたが要求に応じたときの笑み、そうでないときの怒りの沈黙。こうした母親からの絶え間ない指示は、母娘の関係における力のバランスを常に母親側に傾け、あなたのアイデンティティ、価値、善良さ、居場所の感覚をゆがめてしまう。現在母親と疎遠でも、あなたの人生の大半は母親の初期のプログラミングによって形作られている。それをとり除き、母親との関係を変え、あなたがどういう人間で、何ができるかについて真実を作り直せるようになるまで、母親があなたに送ったメッセージの嘘を暴かなくてはならないだろう。そして一歩一歩、その自滅的なプログラミングを壊していくのだ。

この章ではそれをやっていくつもりだ。

この作業は有効であるが、負担が大きい。ゆっくりととりかかり、最初はプログラミングがどう作用しているかに注目し、それからいちばんアクセスしやすい要素——あなたの考えをつぶさに調べていこう。

プログラミングの基礎　「あなたは〜だ」が「わたしは〜だ」になる

母親は幼児がよちよち歩こうとしているのを見て、微笑み、支えようと片手を差しのべて言う。「すごいわ！　見てちょうだい、歩いてるのよ。あなたはもう小さな体操選手みたいね」その瞬間と、それから何千回も繰り返される同じような場面で、メッセージは子どもに伝えられ、子どもはそのすべてを受け止める。「ママはあたしのしていることに気づいて気にかけている。ママはあたしを愛している。あたしはすごいんだ。あたしは歩いているんだ」

全権を持つ母親の微笑とほめ言葉は、自立していない娘にとってすべてだ。彼女はもっとそれを手に入れようと一生懸命になる。反対に、厳しさや批判は恐怖を与える。「ママを喜ばせなかったら、生きていけないかもしれない。ママはあたしを一人ぼっちで放りだすかもしれない」と子どもは信じてしまう。しかし、母のメッセージが肯定的でも否定的でも、子どもはそれを吸収し、それを核にして自分自身についての理解を築き上げていく。母親の「あなたは～だ」は、娘の「わたしは～だ」になるのだ。

こうして自己の一部となったメッセージは長期間にわたって存在しているので、真実のように思えてくる。子ども時代からずっとほめられ、励まされていたら、それはすばらしいことだろう。「わたしは強くて有能だ」「わたしはいい人間だ」「わたしは快活だ」という考えを手に入れることができる。しかし、愛情のない母親は娘にきわめて破滅的な誤った考えを与えてしまう。

母親の「あなたは～だ」という意見の多くは、彼女の不満と批判と無力感を投影したものだ。「あなたはとても利己的だ」「あなたがわたしを動揺させるから、具合が悪くなった」こうしたメッセージが「内面化」(訳注・人から言われた言葉をそのまま受け入れ、無意識の中に埋めこんでしまうこと)されると、それはおとなしくあなたの中におさまっておらず、つらい感情の引き金になる。あなたは自分がとても悪くて無思慮で利己的で無能な人間だというまちがった意見と戦うことになるのだ。あなたはその意見と議論しながらも、それが本当だったらどうしようと思い、それがまちがっていることを証明しようとする。しかし、たいていの場合、あなたは苦しむ。悲しみ、怒り、罪悪感、屈辱、負担、恥、苦々しさ、反抗心、不快、あきらめ。ありとあらゆる負の感情がわきあがり、そのすべてがあなたを苦しめるのだ。

つらい感情によって何が起きるか？　自滅的な行動へと駆り立てる衝動がわきあがる。あなたのナルシストの母親、あるいはコントロールする母親が、あなたは彼女の基準に達していないというまちがった考えをプログラミングしていたら、あなたは自分が不安定で劣っていて適応能力に欠けていると感じ、自信を持てないだろう。そのせいで恋愛でもうまくいかないし、やりたいと思っている仕事からもしりごみし、何事にも挑戦しなくなってしまうだろう。あなたの頭の中の声がこう言うからだ。

「わたしはちゃんとやれた試しがない。わたしには能力がないのよ」

それは誰の声だろう？　あなたの母親の声だ。それによって誰の利益になるのか？　母親だ。ナルシストの母親は「わたしの方がりっぱに見えるように、あなたは目立たないようにしてなさい」と娘に言う必要すらない。コントロールする母親は「失敗して、わたしが正しかったことを証明してごらん」と娘に言う必要すらない。母親が埋めこんだプログラミングは、母親がその場にいなくてもちゃんと機能するからだ。

こうしてあなたは母親の毒になるプログラミングによって、自滅的な行動に走ってしまう。その負のサイクルがどう働くかについて、さらに詳しい例をあげよう。

1　子どものときに、あなたは母親のメッセージをとりこむ

小さなときから、あなたの鬱状態の母親はこう言っている。「あなたがいなくてはやっていけないわ。あなたが家族をまとめてくれているのよ。やっかいなことを全部引き受けてくれて、あなたはわ

たしの小さな天使よ」あなたが家族のために八つで夕食を作ったとき、あるいは実は部屋にこもってテレビを見ているのに、母は病気で会社に行けないとあなたがボスに電話したときだけ、母親は笑みを向けてくれる。

2 そうした初期のメッセージをまちがって解釈する

「母を幸せにしてあげられるのはわたしだけ。〝いい行い〟をして母の愛を手に入れなくてはならない。それがたとえ母のために嘘をつくことでも。わたしは自分の好きなことをする権利がない。文句を言う権利もない。わたしの仕事は母をお世話することよ」

こうしたまちがった考えによって、あなたには不可能なことが押しつけられる。実際には、あなたは母親の幸福には責任がないし、彼女を治すこともできない。それは母親本人だけができることだ。だから、あなたは永遠に失敗し続けるだろう。本物の愛は子どもが〝いい行い〟をして買えるものではない。あなたには子ども時代を、あなた自身の人生を楽しむ権利があり、それを母親のせいであきらめようと考えるのはまちがっている。あなたが一人の人間としてやるべき仕事は自分の人生を築くことで、母親の役割はそれを助けることだ。しかしあなたの考えには母親のメッセージがこだましていて、一生涯、あなたの感情や行動に影響を及ぼす。

3 まちがった考えはつらい気持ちに通じる

母親を治そうとして当然ながら失敗すると、子ども時代にも大人になってからも、あなたは自分が無能でぶざまで欠点だらけだと恥じ入り、罪悪感を覚える。母親のプログラミングによれば、あなたはそれができるはずだったからだ。あなたは重荷を感じ、腹立たしいと同時にその怒りを恥じ、家族のためにがんばったのに失敗してしまったことをたまらなく悲しく感じる。

4　つらい感情をやわらげるために、あなたは自己破滅的な行動に走る

そうしたつらい感情をやわらげようとして、あなたはさまざまなことをするかもしれない。子ども時代は母親の人生の壊れている部分を修復しようとして、長い時間を費やすだろう。それによって、あなたがいい娘で、母親の愛にふさわしいことが証明されるはずだと信じているからだ。また、悪戦苦闘しながらも、万事問題ないというふりをする術を身につけるかもしれない。なぜなら助けを求めたら、あなたの弱さや欠点が露呈してしまうと思っているからだ。

大人になっても、母親の要求に敏感でそれをすぐにかなえようとする。そんなことをする必要はないし、自分では助けられないとたとえ頭では承知していても。なぜならあなたが有能で善良で大きな欠点がないことを自分自身と母親と世間に証明するには、母親の要求を満たすことがいちばん手っ取り早いと信じているからだ。

人間の行動は複雑だ。わたしは鬱状態の母親を持つ娘が一人残らず、このまちがった考えやつらい思いを経験していると言っているのではない。母親も一人一人ちがうし、娘もそれぞれだ。しかし、あなたの自滅的な行動をその源までさかのぼれば、ネガティブな考え方や感情によってプログラミングされていることを発見するだろう。

見ることのできない考えと感情の力

考えと感情と行動がひとつながりのサイクルであると理解したら、そのサイクルを断ち切るのはごく簡単に思えるだろう。しかし、まちがった考えを捨てても、母親の要求と期待に応えようとしている現在の状況が画期的に変化するわけではない。ほんの一歩前進するだけだ。実際に考えを捨てることは、ふたつの理由からむずかしい。まず、そうした考えを真実だと思いこんでいるからだ。娘としての自分の仕事は母を幸せにすることだと。そのまちがった考えをあまりにも長いあいだ真実と信じてきたので、あなたはそれを疑問に思うことすらなくなっている。それが自分の考えに色をつけるフィルターになっているとは気づかないのだ。

また、非常に大きなトラブルをもたらす考えや感情というものは、なかなか見抜くことができないものだ。それらが無意識の中にうまく隠されてしまっているからだ。心の広大な倉庫には衝動、感情、思考、活力、恐怖、記憶、経験がおさめられているが、わたしたちはたいてい気づいていない。一般的に無意識に存在するものは不快なので、見えないところに押しやられ、大きな屈辱や不安や恐怖を感じないようにしているのだ。

精神世界の大半を隠しているカーテンを開けていくと、無意識がどんなに力を持っているか見えはじめるだろう。娘が意識的に自分の課題を設定して現在を生きていこうとしても、彼女の無意識は過去の傷について必死になって釈明し、「母にわたしを愛させる」方法を探そうとしている。そして母親のプログラミングを使って同じような状況をリプレイし、子ども時代の失敗を正そうとするのだ。

娘の無意識のプログラミングはそうやって夫を選び、どの程度の成功が許されるかや、人間関係や精神状態を決定していくのだ。

○あなたは愛をだいなしにするかもしれない

・意識している考えと感情↓すばらしいパートナーがほしい。
・無意識での考えと感情↓わたしには愛する資格がない。わたしではそんな人を手に入れられない。誰がわたしを求めるというの？　頭がよくて成功した愛情深い男性は家に連れて来ることができない。だって、母が彼に誘いをかけるから。さもなければ、徹底的にけなすから。わたしは母よりも幸せになってはいけない。わたしにはそんな資格がない。
・自滅的な行動↓自分に興味を持ってくれた人々からの求愛に応じないで、不適切なパートナーを選ぶかもしれない。あなたは自分で責任を負わない人に対して救い主や世話人になりたがる。最高の候補者を除外して、こう結論づける。「わたしは現実主義者だ。失望に終わるような真似はするつもりがない」

○あなたは仕事をだいなしにするかもしれない

・意識している考え↓わたしは本当は成功したい。
・無意識での考えと感情↓わたしは母より優位に立ってはいけない。わたしには価値がない。自分を破滅させる方法を見つけよう。そうすれば、母のネガティブな予想が実現する。母はわたしの本当の姿を知っている。わたしは絶対に期待に応えられない。わたしは無能だ。
・自滅的な行動↓遅刻し、仕事をやりかけで放置する。同僚とけんかし、仕事をぐずぐずと引き延ばし、重要な締め切りを守らない。見通しや見解に沿って行動しない。

○心の底の欲望をだいなしにするかもしれない

・意識している考え↓わたしは他人を幸せにするのが好きだ。まず他人を第一に考える。なぜなら自分が寛大で面倒見のいい人間だと感じたいから。わたしたちみんなが互いに助け合わなくてはならない。
・無意識での考え↓ほしいものをあきらめて、人のために何かしたら、愛と賞賛を与えてもらえるだろう。充分な愛と賞賛が手に入れば、自分が劣っているという気持ちを埋め合わせてくれるはずだ。
・自滅的な行動↓いつも笑顔を作り、怒りを押し込めている。自分の好みを聞かれると「わかりません」あるいは「どうでもいい」と言う。あらゆる犠牲を払って衝突を避ける。自分の夢を持っていることを忘れている。

現状を変えるなら、あなたの無意識のプログラミングをはっきりと把握することが重要だ。

本当は何を信じているのか?

母親から聞いたメッセージを明らかにするために、過去を振り返ることにしよう。まず母親から聞かされた、もしくは母親の行動から感じとった典型的なメッセージを調べてみよう。ただし、母親はそうしたメッセージをすべて言葉にしていないかもしれない。あなたに腹を立てたときも、たんに行動で示しただけかもしれない。そして、その行動を現在も続けているかもしれない。たとえば、あなたに不満があると、口をとがらせたり腹立たしげな視線を向けたり。そうした言葉にされないメッセージは、言葉のメッセージと同じ力を持っている。したがって、以下のリストをチェックするときに、母親の態度と、それが言葉を補強していることについても考慮に入れよう。

　聞き覚えのある項目にチェックをつけてみよう。リストにない項目も自由につけ加えてかまわない。母親が思いどおりにふるまうときの表現、批判、要求、筋書きを頭の中で再現できるなら、不足部分をすべて穴埋めできるだろう。

あなたをこきおろすまちがったメッセージ

○あなたはとても利己的だ。
○あなたはとても恩知らずだ。
○あなたはどこかおかしい。
○あなたは何ひとつまともにやれない。
○あなたは人を愛することを知らない。
○あなたは自分のことだけを考えている。
○あなたにはひどく失望させられた。
○あなたはろくな人間にならないだろう。
○あなたのせいで、わたしはこんなに問題を抱えている。
○あなたは一生夫を見つけられないだろう。
○あなたはわたしのように魅力的で賢く成功した、人に好かれる人間にはなれないだろう。

○あなたの判断力は最悪だ。
○あなたの考えていることなんて誰も気にしない。
○あなたはお荷物でしかない。
○あなたは役に立つどころか、迷惑ばかりかけている。
○あなたは家庭内でのすべてのトラブルや虐待や恥辱の原因になっている。
○あなたがもっといい人間なら、トラブルや虐待や恥辱は起こらなかった。

これはナルシストの母、娘と張り合う母、コントロールする母、虐待する母が口にする言葉だ。こうしたせりふはあなたを落ち込ませ、母親はいっそう自分は全能だという気になる。ただし、彼女は自分の人生に対する責任は一切負おうとしない。ある項目を読んだときに、懐かしい痛みを感じたり、母親の声が頭の中で聞こえたら、それはおそらく告発としてあなたの心中で渦巻いているのだろう。こうしたメッセージを認識することは、母親の力をしりぞけることへの重要な一歩だ。

あなたに不当な重荷を負わせているまちがったメッセージ
○あなたはわたしの人生すべてだ。
○あなたはわたしのほぼすべてだ。
○あなた以外には必要ない。
○わたしのことを気にかけてくれるのは、あなただけだ。
○家族をひとつにまとめておけるのは、あなただけだ。

○わたしたちはとても親密だから、すべてをわかちあわなくてはならない。秘密は一切なし。
○あなたはわたしの親友だ。
○あなたは永遠にわたしの小さな娘だ。
○あなたはわたしが頼れる唯一の人間だ。
○あなたのことをとても必要としている――あなたなしではやっていけない。
○お父さんよりもずっとあなたを愛している。
○わたしはこれからの人生をどうしたらいいかわからないから、あなたは手を貸してくれなくてはならない。

この二番目のグループのメッセージは最初のグループとはちがう種類のものだが、やはり自滅的だ。母親と家族の他のメンバーの幸福という重荷を、あなたに全面的に負わせるメッセージなのだ。
一見、これらは魅惑的に聞こえるが、追いつめられた感じがして、息が詰まるだろう。過剰に関わってくる母親や、きちんと務めを果たせず、あなたに役割の逆転を押しつけてくる母親がよく口にするせりふだ。

あなたの役目と義務についての母親からのまちがったメッセージ

○わたしを幸せにするのはあなたの責任だ。
○あなたの気持ちよりもわたしの気持ちの方が重要だ。
○わたしの愛を手に入れるようにするのは、あなたの義務だ。

○わたしの世話をするのはあなたの義務だ。
○わたしに従うのはあなたの義務だ。
○わたしを尊敬するのはあなたの義務だ。つまり、万事、わたしのやり方でやるということだ。
○母親を尊重するということは、決してわたしに腹を立てないということだ。
○わたしに反抗したり悪口を言う権利は、あなたにはない。なんといっても、わたしがあなたを生んだのだ。
○あなたには反論する権利はない。
○わたしがあなたを裏切っても、黙っているのがあなたの義務だ。
○わたしの望みに反対しないようにして家庭内の平和を保つのが、あなたの義務だ。
○家族の秘密を守るのはあなたの義務だ。

母親はあなたがどういう人間かというだけではなく、娘としての役割も教えこんだ。そして母親が期待していることと、母親の望みをかなえるにあたって、あなたがするべきことを伝えた。ただし、あなたが大人になるためには自分の人生の責任をとらなくてはならない、ということは教えなかった。母親のプログラミングは母親に対するあなたの義務を強調するばかりで、あなた自身に対する務めについてはほとんど伝えていない。

あなたが大人になっているなら、ちょっと距離を置いて眺め、「たしかに母はこういうことを言ったけど、それは本当ではないし、もうわたしはその影響を受けていない」と考えるかもしれない。しかしこれらのメッセージの正当性を強く疑ったことがなく、いまだに母親との関係で苦しんでいるなら、まちがった考えにまだ支配されているにちがいない。

最後にあげるまちがった考えのグループは、とりわけ娘にとって問題となるものだ。

○母親が変わってくれさえすれば、自分はもっとよくなれると思う。
○わたしをどんなに傷つけているか気づいてくれさえしたら、母はもっと親切にしてくれるだろう。
○母はわたしにとても意地悪になることがあるが、心の底ではわたしのためをいちばんに考えてくれているのはわかっている。わたしは大げさなのだ。

こうした「さえすれば」という考えによって、あなたは渇望と願望からできた別の現実にはまって身動きがとれなくなる。そのため、あなたは受け身になる。なぜならあなた自身を変えるという大変な課題をこなさずに、母親が変わるのを待っているからだ。

そろそろ待つことはやめ、自分の力をとり戻すべきだ。

真実から嘘を区別する

あなたの人生を支配しているまちがった考えには、別の名前がある。「嘘」だ。

以下の「嘘と真実の課題」で、あなたはまちがった考えを積極的に正していくだろう。課題をこなすことで、あなたの真実は意識にも無意識にもしっかりと刻まれるだろう。課題はあなたの尊厳と自尊心と自信をとり戻すように作られている。それによって、頭がとてもすっきりして、解放感を味わえるはずだ。

嘘と真実の課題

パート1

紙を一枚用意し、中央に縦線を引く。左の欄のいちばん上に、太字で「嘘」と書く。右のいちばん上には「真実」と書く。

それから嘘の欄に、あなたが母親から言われ、とても傷ついた嘘を書いていく。「あなたは……だ」というように。それぞれの嘘と並べて、相反する真実を真実の欄に書いていく。嘘を正すいちばんいい方法は、まちがっている証拠をあげることだ。自分のためにちゃんと弁護しよう。あなたの真実には正当な根拠がある。現在は真実の欄の言葉を完全に信じていなくても、それはあなたの進む道を照らしてくれ、あなたがなりたいと思っている人間の姿を示してくれるだろう。

もしこの課題をやっている途中で行き詰まったら、親友と話しているつもりになり、親友がまちがった考えに基づいて自分自身について語っていると想像してみよう。あなたは彼女にどうアドバイスするだろう？　彼女が自分について語る痛々しい話はまちがっていると、あなたはどう反論するだろう？　誰かがそういうまちがったことをあなたの娘に言ったら、あなたはどう応じるだろう？　他人を弁護していいところを見つける方が、自分自身の弁護をするよりもずっと楽なはずだ。

わたしのクライアントが書いた例をご紹介しよう。

嘘　あなたは利己的だ。
真実　わたしは気前がよくて寛大で、他人を思いやる。

嘘　あなたはきわめて無慈悲だ。
真実　誰かが自分の行動に責任をとり、償いをするなら許す。
嘘　あなたは繊細すぎる。
真実　わたしにも感情があり弱さがあるが、そのおかげでより心の広い、愛情深い人間になっている。
嘘　あなたはわたしを尊敬するべきだ。
真実　健全な関係なら、尊敬は双方向のはずだ。わたしは自分の良心と誠実さを尊敬する。
嘘　あなたはいい娘ではない。
真実　わたしのような娘を持ったら、誰でも誇りと幸せを感じるだろう。
嘘　わたしを幸せにするのはあなたの義務だ。
真実　わたしは精一杯努力したが、あなたは満足できなかった。だから、このくだらない義務はもう放棄する。
嘘　あなたはわたしがいなければ生きていけない。
真実　わたしを見ればそれが嘘だとわかる。
嘘　わたしはあなたがいなければ生きていけない。
真実　どうにか生きていく方法を見つけるしかない。わたしはもう罪悪感と義務感によって支配されるつもりはない。
嘘　あなたはわたしの気持ちを第一に考えるべきだ。
真実　長いあいだそうしてきた。でももう、自分の家族がいるので彼らが第一だ。
嘘　あなたは何ひとつちゃんとできない。

真実　あなたはわたしを嫉妬しているから、わたしの人生がうまくいっていると我慢できないのだ。
嘘　あなたは成功できるほど優秀じゃない。
真実　わたしを落ち込ませようとするあなたの企みにもかかわらず、わたしは成功するだろう。
嘘　あなたはわたしの面倒を見なくてはならない。
真実　どこにそんなことが書かれているの？
嘘　わたしがお酒や薬物を過剰にとるのはあなたのせいだ。わたしは重い鬱状態だ。
真実　あなたの破滅的な行動の責任は引き受けない。あなたは専門家に助けを求めるべきだ。
嘘　あなたは永遠にわたしの小さな娘だ。
真実　わたしは大人で自分の人生がある。束縛ではなく、自由を選ぶ。
嘘　わたしのようにあなたを愛する人はいないだろう。
真実　そうではないことを心から祈る。

リストを作成するときは、十項目ぐらいを書くといいだろう。真実は好きなだけ長くしてかまわない。

パート2

リストを完成したら嘘の欄を切りとり、丸めて安全な場所で燃やす。燃やしながら声に出して「わたしは母に言われたいくつもの嘘を燃やしている。自分についてのまちがった考えを燃やしている。真実と自分を認める気持ちをとり戻そう」と言おう。

その灰を住まいの外に捨てる。くずかごに入れたり、トイレに流したりしないように。その灰には強力でネガティブなエネルギーが充満しているので、きれいさっぱり消えてもらおう。空き地に埋めるか、通りの大型ゴミ箱に入れよう。あなたが住んでいる場所の外に廃棄しよう。

パート3

次にパーティーグッズ店に行き、ヘリウム風船を買ってこよう。真実のリストを小さくたたみ、風船のひもに結びつける。それから風船を気に入った場所に――海辺でも湖でもきれいな公園でも山でも――持っていく。落ち着くことができてリフレッシュでき、幸せな気分になれる戸外ならどこでもいい。五感をフルに使って息を吸う。空気の温もり、冷たさ、周囲の匂い、色、肌触りを感じよう。それから風船を手にして、あなたが本当はどういう人間かについて考えながら、風船を空に放す。その風船は他の娘たちの真実を運ぶ風船に加わるだろう。風船が上昇していくのを見送りながら、あなたの中の活力が高まるのを感じよう。

これで、あなたはずっとすばらしく、ずっと賢くなり、ずっと大きな勇気を手にしている。そうして得た力は、これからの課題に注ぐことができる。

八章　つらい感情を認識する

「すべてを吐きだすのはとても気分がいい」

前章では、あなたの母親との関係を破滅的なものにしている無意識の思い込みについて、詳細に述べた。では、それが作りだす感情について検討してみよう。つまり、あなたを自滅的な行動にひきこむ心の底に横たわる強い感情の流れだ。

この作業には、あなたの心の奥に入り込む勇気と意志が必要だ。そこには長年にわたる苦しみ、失望、恐怖、怒りが横たわっていることだろう。勇敢にそうしたものを直視し、意識という明るい光のもとにひきずりだせれば、それらが及ぼす力を弱めることができる。それによってもたらされる解放は、あなたの人生を変えるだろう。

この章では、わたしの診察室において、このプロセスによって傷ついた娘たちをどう導いたかを見ていただこう。おそらくあなたには激しい感情がわきあがってくるはずだ。そのため、この章の課題を自分でやるつもりなら、始める前に強力なサポート態勢を作っておくようにお勧めする。つまり、あなたを落ち着かせ、慰め、励ましてくれる信頼できる人々にそばにいてもらうのだ。こうして読んでいるだけで強烈な感情がこみあげてくるなら、読むのを中断して休憩しよう。深呼吸をする。水を飲む。散歩をしてくる。あなたのペースで進めていこう——あせる必要はないのだから。

すでに申し上げたように、この課題をこなす際には、カウンセリングが非常に大切である。優秀なセラピストの診察室は安全な場所なので、あなたは必要なだけ深く自分の感情に入りこめるし、永遠に変わることができるだろう。

真実の瞬間

あらゆるやり方のうちで、手紙を書くことは愛情のない母親との関係を深く探るのに、もっとも有効だとわかった。一連の手紙の中で、娘は自分の物語を洗いざらい語れるし、非難や否定や中断をされる心配をせずに、ありのままの感情をぶちまけることができる。母親宛てに書くようにと娘に指示する最初の手紙は、郵送されることはない。わたしは最初のカウンセリングのあとで手紙を書くように指示し、次のカウンセリングでその手紙を朗読してもらっている。手紙の中身を信頼できる人間に聞いてもらうのは重要だ。そのプロセスによって、精神的負担が軽くなると同時に、真実を声に出すことの効果がはっきりと示される。

クライアントの多くは過去について真剣に振り返ってきたおかげで、起きたことを少しは理解したにちがいないと思っている。しかし、常に手紙は新たな事実をあきらかにしてくれるものだ。こういう手紙はきわめて個人的なものなので、できたら手書きするように。自分自身の筆跡で、自分の書いた言葉を見られる方がいい。クライアントの多くがパソコンを利用するが、ペンを手にとり、紙に書きつけていくことで、書き手はいっそう深く自分の心の中をのぞくことができ、より多くの真実をひきずりだせると思う。

ネガティブな経験と、現在まで続いている悪夢の本質に迫りやすくするために、手紙は以下の要領で書かせた。

この手紙は四つの部分から構成されている。

1　あなたがわたしにしたこと。
2　そのときにわたしが感じたこと。
3　それがわたしの人生に与えた影響。
4　わたしが今あなたに望むこと。

それぞれの部分について詳しく説明し、クライアントがカウンセリングで読んでくれた手紙から引用しよう。一見単純な課題によって、いかに多くの記憶や考えや感情が現れてくるかを実感してもらいたい。

パート1　あなたがわたしにしたこと

クライアントのエミリーは、冷たくよそよそしい母親に育てられ、母に拒絶されてきたという気持ちにずっと苦しんできたが、怯えながらも課題に取り組んだ。しかし、挑戦することを約束したのは、決まってジョシュのような冷淡な男性と関わりを持ってしまう理由の根本にあるものを知りたかったからだ（六章参照）。

エミリー　どう言ったらいいんでしょう。改めてほじくり返す必要のない古い話だという気もしているんです。一方で、すべてを検討してみるという考えもなかなか気に入っています。

とにかくやってみて、とわたしはエミリーに勧めた。「書くときに、ひとつだけ覚えておいて。これはあなたにとって絶好の機会だってことを」とわたしは言った。「今こそ、何があったかを正確に語ることができ、長いあいだあなたの頭の中に浮かんでいた経験や感情や考えを、あなた自身が眺められ、あなた自身が検討できる場所に広げられるのよ。自己非難や罪悪感や屈辱という悪魔が白日のもとにひきずりだされ、その力を失うのがわかるでしょう」

癒しのプロセスは「これはあなたがわたしにしたことだ」という言葉で動きはじめる。この宣言は穏やかでもなければ礼儀正しくもない。きわめて直截的だ。実際、それを目にすると、おなかにパンチを食らったように感じるはずだ。あえて「客観性」というベールをはずすために、「わたしに」という言葉をつけ加えた。これは個人的なことだ。そのため、それを言葉にし、紙に書いて認識することは、娘を解放し、その経験を娘に理解し受け止めさせるのにおおいに役立つ。

「あなたのお母さんの行動はあなたを傷つけたのよ」わたしはエミリーに言った。「それを列挙してごらんなさい。まず『これはあなたがわたしにしたことだ』という思い切った正直な告発から。自分の話を語るときは、絶対にたいしたことじゃないというふりをしないで。どんなに生々しい話でもかまわないわ。すべてを書きだしましょう。彼女の行動があなたを傷つけた？　どんなふうに？　彼女はどんなふうにあなたの価値を奪ったのか？　子ども時代の彼女との暮らしはどんなふうだったか？　あなたは彼女を恐れていたか？　どんな重荷や秘密や屈辱を彼女はあなたに負わせたのか？　母親について告発することの罪悪感と背信行為をしているというのうしろめたさを、あなたは克服しなくてはならないわ。でも、人生をよりよくしたいという思いは恐怖よりも強いはずよ。きわめて重大な毒になる事柄でも、あなたにとっては些細なことに思えるかもしれない。これまでずっと抑えつけてきたから。だから『些細なこと』も書きましょう。紙に書くと、その全体像がつかめるはずよ」

エミリーは目を丸くしたが、うなずき、やってみると言った。

暴力に苛まれた子ども時代を送っていれば、母親の行動が自分を傷つけるものだということを、もっと簡単に認識できるだろう。ただし改めて申し上げておくが、虐待されたなら、セラピストの助けなしで、こうした記憶に立ち向かうべきではない。虐待やあからさまないじめは、もっと目立たない愛情のないふるまいよりも把握しやすいし、描写しやすいように思えるかもしれない。しかし愛情のない母親に育てられた苦痛とそれがもたらす影響はすさまじいものだ。それが母親のコントロールと批判でも、自己愛による圧力でも、精神的な放棄でも、世話人にさせられることであっても。

「あなたがわたしにしたこと」の現実の例

エミリーは手紙で生々しく過去を描写した。

お母さんへ――あなたはとても批判的でした。母と子のあいだのやさしさはこれっぽっちもありませんでした。手をつないでもくれなかったし、愛していると言ってもくれなかった。妊娠しているとわかったときに、もう合法的に堕胎できなかったから仕方なくわたしを生んだんだ、と言ったことがありましたね。わたしのためにしてくれるいいことは、すべて他人に見せるためでした。わたしがどう感じているか、大丈夫なのか、何に興味があるか、聞いてくれたことはありませんでした……とうとう、わたしはあなたが望んでいるような人間になれなかった。あなたはよくこう訊きましたね。「あんたが起きたときにママがいなかったらどうする?」でも、わたしは母親を必要としている怯えた小さな女の子だったから、こう答えるしかありませんでした。「誰があたしにごはんを作ってくれるの？　誰が学校に連れていってくれるの？」すると、あなたはその答えはわたしが自分のことしか考えていない証拠で、あなたの愛を与えるのにふさわしい人間じゃないと非難しました。

もっと大きくなると、わたしが興味を示したものに対して、あなたはかたっぱしからけなしました。望んでいたような成績をとれなかったり、ボーイフレンドができなかったりすると、全部わたしがいけないんだし、わたしは何ひとつまともにできないと言いました。

エミリーは読むのを中断した。

「わたしはただの大きな赤ちゃんなのかしら、スーザン？　こういうことを言えて、とてもいい気分だけど、それを乗り越えるべきかもしれないと思うんです」

彼女がかつて感じ、今も感じている痛みを軽んじないことがとても大切だ、とわたしは強調した。

「『自己憐憫に浸っている』んじゃないかと心配しないで。あなたは『たんに自分をかわいそうがっている』んじゃないのよ。そろそろ、これまで手に入れられなかったものを残念に感じて当然なんだ、と自分に言ってあげましょう」

パート2　そのときにわたしが感じたこと

娘が幼いときにどう扱われたかを振り返ると、当然、強烈な感情がこみあげてくる。そこで手紙のパート2では母親が愛情のある行動をとらないし、とれない、とはっきり示したときに、若かった娘がどう感じたかをつぶさに見ていくことにしよう。

感情は頭ではなく心の言語なので、たいていひとつかふたつの言葉に要約される。感じたのは悲しみ、憤怒、孤独、怯え、屈辱、疎外感、愚かさ、滑稽さ、愛されていない、怒り、重荷、疲労、罠にはめられている、いじめられている、操縦されている、無視されている、消耗させられる、価値がない。感じたことがないのは価値がある、賢い、安全だ、自由、幸せだ、重要だ、愛されている、大切にされている、尊敬されている。

考えと感情のちがいははっきりしていそうだが、多くの人は理屈で説明しようとして自分と感情のあいだに距離を置きがちなので、あえて感情を見つめるようにと強調しておきたい。「わたしは感じた」が「わたしは……ということを感じた」になるとき、距離が置かれる。「ということ」という言葉は、あなたを考えと信条に向かわせ、感情から遠ざけてしまうのだ。

考え「わたしはあなたがわたしを愛していないと感じた」

感情「わたしは愛されていないと感じた」

考え「あなたがわたしに料理をすべてさせたとき……あなたはわたしがそういうことをこなせると思ったにちがいないと感じた。でも、小さな女の子に求めるには荷が重いと感じた」

感情「わずか八つのわたしに、あなたが料理やきょうだいの世話をすべてさせたとき、わたしは落ち込み、当惑し、腹が立った」

「そのときにわたしが感じたこと」の実例

ほとんどの娘の場合、母親がしたことをあざやかに思いだすとさまざまな感情があふれだす。手紙のこの部分は、そうした感情を振り払うのではなく、しばらくとどめておくことを意図している。手紙を書くときに、いつのまにか感情ではなく考えをつづっているのはよくあることで、それはそれでかまわない。しかし目標はまた感情に戻ることだ。わたしはエミリーに「『わたしはそれを感じた』で行き詰まったら、前の文章に戻って、自分に『それによってわたしはどう感じたか？』とたずねてごらんなさい」とアドバイスした。

エミリーの手紙――わたしは一人ぼっちでした。胸がいつも痛んでいました。自分はどうすることもできず、愛されず、求められず、話も聞いてもらえず、怒りを感じていました。自分はお荷物で、生まれてくるべきではなかったと感じ、そのせいで、とても悲しくうしろめたく孤独でした。わたしの人生で、あなたはずっと苦しみの源でした。いつもわたしの存在に対するあなたの憤懣を感じました。そのため自分が愛されていないことを強く感じ、そのことを憎みました。

わたしはクライアントに自己検閲と完璧主義を避けるようにと言っている。この手紙はエッセイコンテストに応募するものではない。重要なのは本当の感情を掘り起こし、表現することだ。思いだした感情すべてが正当で重要だし、いくつかは驚くほど激しいかもしれない。圧倒されていると感じはじめたら、それ以上無理に続ける必要はない。急ぐことはないのだ。しかし、できるだけ正直になることは絶対に必要だ。あまりにも長いあいだ見ないようにしてきた悪魔のような感情を認め、それと向き合うことで、その感情を無力にできるだろう。手紙の一文ごとに、悪魔のような感情が力を失っていくのだ。

パート3　それがわたしの人生に与えた影響

ここがおそらく手紙でいちばん大切な部分だろう。子どものときの娘に起きたことが、その後の人生の選択にどのように関連しているかに、ここでは焦点をあてている。本書に登場した娘のほとんどが、子ども時代に経験したことを意識せずにまた繰り返している。それがこの背景に現れるパターンだ。子ども時代の苦悩と大人になってからの困難の関連性を考えるとき、長くて太いロープが娘を過去に結びつけ、当然手に入れられるはずの愛と自信と信頼と幸福から引き離している様子が目に浮かぶ。しかし、努力と意識によって、彼女はその結び目を弱めることができるのだ。この手紙のどの部分もじっくりと考える価値があるだろう。わたしは以下のような指示をクライアントに与えている。

あなたが母親から学んだネガティブで毒になる教訓と、それがあなたの私生活、職業生活、あなた自身の人生にどういう影響を与えたかを列挙しよう。母親との経験は、世間でのあなたの居場所について何を教えてくれたか？　それは自分の価値と自尊心について、どういう影響を与えたか？　誰を信頼できるかについて何を学んだか？　あなたが人生で下した自滅的な選択と、母親から得た教訓がそれにどう影響しているかを考えてみよう。当時と今のあいだに重要な関連性が見つかるだろう。

「それがわたしの人生に与えた影響」の実例

わたしのクライアントの多くは、手紙が長すぎて、朗読するだけでカウンセリングのほとんどの時間がとられてしまうのではないかと心配している。実際には十ページの手紙を読むのに五分程度しかかからない。最初の不安にもかかわらず、エミリーは書きはじめるとペンが止まらなくなった。エミリーも彼女の中にいる女の子も、発言の機会をずっと求めていたのだ。エミリーの母親への手紙は九ページに及び、「それがわたしの人生に与えた影響」の部分は、全体のほぼ半分を占めた。以下は彼女の書いた文章だ。

エミリーの手紙――わたしはいつも端っこで生きていました。遊び場をのぞきこんでいても、自分は参加できないと思っている女の子のように。その子は途方に暮れ、自分の殻に閉じこもり、一人ぼっちでした。誰も彼女の味方になってくれない――誰も彼女のそばにいなかったんです。

わたしは肉体的な触れあいと、自分が必要とされることに飢えていました。そのため不健全な男女関係を結び、そういう自分を憎みました。男性との交際では愛とセックスを混同し、大人になろうとしない弱い男、感情的な少年、永遠の青年を引きつけてしまいました。彼らは自尊心が低く、野心をほとんど持っていません。わたしは彼らを変えられると思ったのですけど……。

いつも考えています。「他の人は何を求めているの？　何を考えているの？　他の人を幸せにするために、わたしは何をしなくてはならないの？」わたしは自分の必要や望みを二の次にしています。それによってわたしはエネルギーを奪われ、疲弊させられました……わたしは大人になる術を知らないように感じています。わたしには土台も役割モデルもなく、一線を引くやり方もわからないんです。冷たい情緒不安定の人間に育てられたせいで、わたしまで情緒不安定な人間と見られるのではないかと怯えています。

手紙のこの部分は、「子ども時代の母親とのトラブルはすべて過去のものだ」という主張や、「嫌なことは忘れて前向きに生きていけばいい」というアドバイスをくつがえすだろう。エミリーのような娘は母親のプログラミングが大きな影響を与えてきたことや、子ども時代の不幸なできごとを大人になっても繰り返したいという衝動について、いくらでも語れるだろう。大人になった娘がどうにかして親密さや尊敬や愛情を手に入れたいとあがくとき、愛情のない母親から愛を得ようとした子ども時代のむなしい努力が、再びまざまざと甦ってくるのだ。

パート4　わたしが今あなたに望むこと

手紙のパート3までは母親の愛情のない行動と、それが永遠に残す毒を詳細に述べた。母親がいまだに持ち続けている大きな影響力を記録し、娘の人生でふるっている力を具体的に述べたのだ。

その力のバランスは、「これはわたしが今あなたに望むことだ」という言葉で変化する。その言葉によって、娘は自分の人生を築くことのできる大人の役割を手に入れることができる。大人の娘はもう無力でもなく、誰かに依存してもいない。深く傷つけられた相手に望むことを言葉にすることで、力を手に入れられるのだ。

多くの娘は母親に何をしてほしいか——もしも母親との関係を続けるとして——二人の関係をどうしていきたいか、決心がつきかねている。この時点ではそれは問題ではない。これは最初の一歩であり、いくつもの選択肢からひとつに決める時間なら充分にある。何ひとつ確定されたものはないし、娘は自分の考え方をいつでも変えていけるのだ。

この部分でクライアントに与える指示は単純だ。今の時点で自分がどうしたいかについて正直に率直に語って、その気持ちを味わってみよう。それは怖いかもしれないし、多くの娘は母親との関係を変えようと考えたことすらないだろう。なぜならそうする権利などないと思っているからだ。しかしそのバランスを変えるときがきたのだ。

母親の教えや親戚や友人の「母親を敬いなさい」といういさめには関係なく、あなたには自分が何を望むかを決める権利があると、わたしはクライアントに念を押している。クライアントには自分の可能性は無限だと想像して、質問に答えてもらう。「母親にもっとも望むことは何か？」最初のうちは計画や作戦は必要ない。まず、あなたの望みに焦点をあわせよう。ただし、その望みは徐々に変化し、成長していくだろう。わたしは彼女たちにたずねる。「あなたは何を望んできたのか？」「何によって最終的に自由になれたと感じるだろうか？」

謝罪かもしれない。何もないかもしれない。母親があなたの人生に介入するのをやめることかもしれない。完全に人生から消えてもらうことかもしれない。それを選択するのはあなたなのだ。

「わたしが今あなたに望むこと」の実例

多くの娘が手紙のこの部分で悪戦苦闘する。だがクライアント全員がどうにか依頼や望みや要求を書くことができた。以下はその例である。

○過剰に関わってくる母親に「今あなたに望むのは、話題を決め、会う日を決めるのは、わたしにさせてほしいということです。ようするに、わたしは普通の大人として人生を送りたいんです。さもなければ、関係を終わりにしましょう。それはとても悲しくつらいことでしょうけど」
○競争心の強いナルシストの母親に「何年もわたしはあなたが変わり、健全な関係になれることを期待してきました。でも今、わたしはもうあなたに何も望んでいません。ただわたしを放っておいてほしいのです。今の自分が気に入ってますし、セラピストの力を借りて、自分が信頼できて健全な愛情深い人間だと感じはじめています。わたしの人生にはあなたのための場所はありません。きょうだいとの関係も再構築しているところで、あなたをわたしの人生に戻したら、それも破壊されるでしょう。あなたとの関係がこんなふうでなかったらと残念ですが、あなたが過去のできごとの原因を積極的に変えていくつもりがなければ、それはかなわないでしょう。親密で愛情深い家族と親という幻想は捨てて、今後は愛情と関心を自分自身と自分の世界に捧げるつもりです」
○コントロールをする批判的な母親に「お母さん、あなたは小さな無防備な子どもだったわたしを威嚇し、修復するのがむずかしいほどの傷を魂に与えました。それを認めてほしいと思っています。自分のしたことを謝罪し、卑怯者だったことを認める勇気があなたにあればいいのですけど。わたしは成功した強い人間になれました。あなたのとった行動にもかかわらず、そうなれたのです。今後は、あなたのために、あるいはあなたに賛成してもらうために、何かをするつもりは一切ないことを知っておいてください。あなたが気に入ろうが気に入るまいが、わたしは自分の好きなように生きていくつもりです」

クライアントには母親に許可や賛同を求めて自分の力を弱めないように、と警告している。ある娘はアルコール依存症の母親に「わたしに自分の人生を生きさせてほしい」と書いた。その言葉自体は特に害はなく、わたしたちは毎日そのたぐいのことを口にしているだろう。しかし、その「させてほしい」という部分は、母親を娘の人生の番人にしてしまっている。

それはこう言い換えた方がはるかにいい。「わたしは自分の人生を好きなように生きるつもりです……あなたに許しを求めることなく」そのささいなちがいが大きな変化をもたらすのだ。

九章　怒りと悲嘆から英知は生まれる

「わたしは長いあいだ抑えこんできた感情と向き合う準備ができている」

娘が母親に手紙を書き、過去の事実や感情を列挙していくと、激しい感情がわきあがってくる。自分を育ててくれた母親についての真実と向き合うと、たいていの娘は悲嘆と怒りに苛まれるものだ。その感情のうち、悲嘆はたいていなじみがあるだろう。ほとんどの娘が不適切な育て方をされたために、大きな悲しみを抱えて過ごしてきたからだ。慈しみ守ってくれるはずの母親からの愛をほとんど感じられなかったことがつらくて、手紙を書きながら何度も泣いたと、娘たちはよく話してくれる。

幼いときに母親が自分のことしか考えていなかったせいで、自分たちが不当に扱われ、喜びや安心感が奪われたことに、強烈な怒りを覚える娘もいる。

どちらの娘たちにも指摘しておきたいのは、ふたつの感情はまったくちがうように思えるが、一枚のコインの両面で、片方がもう片方を隠しているということだ。癒しにはどちらの感情の力も同じだけ必要とする。母親ではなく自分の望みに基づいて人生を築きたいと思っている娘は、怒りの炎と悲嘆の弱さを混ぜあわせ、新たな回復力と強さを生みださなくてはならないだろう。この章では、どのようにクライアントにそうさせたかをご紹介しよう。

そうした感情を手に入れるために必要なのは、愛情のない母親が娘に植えつけた罪悪感と屈辱を抹消することだ。娘はひどい扱いを受けたのは自分に責任があると思いこんできた。その誤った非難の重荷をとりのぞく方法をお教えしよう。

あなたが一人でこの課題と取り組めるほどの力を感じているなら、怒りと悲嘆がいかに強い感情であってもコントロールできると覚えておいてほしい。以下の技術を用いて課題を実行するときは自分のペースで進めよう。そして動揺していると感じたら、いつでも中断すること。新しい技術を身につけるにはたっぷり時間があるのだから。

悲嘆の裏に潜む怒りを見つける

アリソンには人を救いたいという強い傾向があり、そこにつけこむろくでもない男にまたもや夢中になってしまった、と相談にやって来た。そこで鬱状態の母親との役割の逆転が起き、世話人になっていた子ども時代まで、その傾向をたどってみた（五章参照）。

アリソンの母親への手紙には、小さなときから家事をするように期待され、母親が娘に依存していたことが詳細につづられていた。またアリソンが家族をまとめるために、自分の気持ちは後回しにしたことも書かれていた。それをわたしに読み終えたとき、彼女は涙ぐんでいた。「子どものときにこんなにやらなくちゃならなかったと思うと、心が沈みます。小さな女の子にとっては、とんでもない負担だわ」

「そのとおりよ、アリソン」わたしはアリソンが涙をぬぐっているあいだに言った。「悲しいことがたくさんあったのね」しばらく黙りこんでから、わたしは手紙をつづっているときに感じたかもしれない他の感情についても考えてみるようにと勧めた。

アリソン　他にはあまり……とても疲れて、とても悲しい気持ちだったけど。かつてのわたしだった女の子を抱き上げて、もう誰かの着替えの世話をしなくてすむようにしてあげたいと思いました。スーザン　その女の子はほっとしたでしょうね。あなたの手紙だと、こなさなくてはならない義務のことで彼女はとても動揺していた。あなたが書いた部分を見てみましょう。『これはそのときわたしが感じたことです』そこには多くの気持ちがこめられているわ。
アリソン　（手紙に目を通しながら）思っていたよりもいろいろあるわ……わたしは孤独で……悲しくて……ときには母をとても恨んだ。母を憎み、そのことで罪悪感を覚えた。そして遊びを我慢して、家にいて家事をしなくてはならなかったとき、わたしは猛烈に腹を立てていました。

手紙のその部分で、娘はいつも驚くほど感情を赤裸々に書き記す。そこには抑えつけられていたさまざまな感情がほとばしっているのだ。しばしば手紙は大人の娘の精神世界を表す地図となっている。「たぶん、そうした感情の多くはまだあなたの中に残っているんじゃないかしら」わたしは彼女に言った。「そういう気持ちはあっさり消えてなくならないものよ。そうした感情をもう一度眺め、外に出してやることで、あなたはエネルギーをどっさり使えるようになるわ」
もし怒っていいと言われたら、どうなると思うかとアリソンに質問した。

アリソン　わかりません……たぶん我を忘れてしまうかもしれない。わたしは醜態をさらして、威厳を失ってしまうでしょう。いったん怒りだしたら、また冷静に戻れるかどうかわかりません——一生、腹を立てているかもしれないわ。わたしはひどい女になってしまう——怒った女なんて誰も好意を持たないでしょうから。

多くの女性は怒りを危険でコントロールできない力だと思いこんでいる。しかし、怒りは何かがまちがっていることを伝えるシグナルなのだ。侮辱されたり、利用されたり、希望がかなわなかったり、誰かに権利や尊厳を踏みにじられると、怒りのシグナルが点滅する。そこで中断してたずねるのが健全な反応だ。「何が起きたの？　どこがまちがってるの？　どこを変えたらいいの？」

しかし、アリソンのような娘は怒りが存在しないふりをすることに慣れてしまっている。点滅しているのを見なくてすむように、警告シグナルにテープを貼ってしまうのと同じだ。そして、以下のような結果が待っているだろう。

○あなたの要求は満たされないままで、権利や尊厳は無視され続ける。
○怒りを内に向けるので、肉体的症状や鬱状態が現れる。
○食べ物、ドラッグ、セックス、アルコールで「自分で治療」しようとするかもしれない。
○その状況に甘んじて、怒りをあなたのアイデンティティの一部にしてしまう。そして怒れる殉教者として、自宅でも仕事場でも苦しむ人間になる。

そろそろアリソンは恐怖を克服し、怒りを精神と肉体から追いだし、本来の目的のために役立てるべきだ。わたしは空の椅子を彼女の前に置き、そこに母親がすわっているところをイメージするように言った。

スーザン　目を閉じて、何も自分ではできずあなたに要求ばかりする母親を思い描きましょう。あなたの手紙で書いたとおり、あなたを傷つける愛情のない行動をとった女性を思い浮かべて。あなたは安全です、大丈夫。怒りを押しのけないで、怒りにしゃべらせなさい。

まず、こういう言葉で始めましょう。「よくもあなたは〜」そして、彼女があなたの子ども時代をゆがめた事例でしめくくりましょう。無力な子どもだったあなたと、怒りを押し殺してきた大人のあなたに声を与えるのです。ついに彼女たちにしゃべらせましょう。

アリソン（おずおずと）よくもあなたは小さな女の子に家族全員の世話をさせましたね。

よくもあなたは小さな子どもに料理や掃除、きょうだいの世話をさせ、子ども時代をあきらめさせても大丈夫だと考えましたね。

アリソンの声は徐々に力強くなっていった。わたしはその調子だと言い、そのまま続けるように励ました。

アリソン　よくもあなたは父とのむかつくゆがんだゲームに、わたしをひきずりこんだわね！　よくもあなたはわたしをカウンセラー役にしたわね！　わたしはずっと調停者だった。そして父と仲直りするやいなや、わたしを放りだしたんだわ！（彼女は前よりも大きな声でしゃべっていた）よくもわたしの幸福を奪ったわね！　よくもあなたを幸福にしなくてはいけないと思いこませたわね。そんなことは、わたしにはできないのに！　あなたの人生をよくできないからといって、よくもわたしを失敗者のように感じさせたわね！　わたしはあなたの人生を修復できないのよ。それはわたしの仕事じゃないわ！　母親のあなたがわたしを助けてくれるべきなのに。よくもわたしを自分の面倒を見られないような男たちを引きつける女性にしたわね！　よくもよくも！

アリソンは言葉を切り、茫然としてあたりを見回したので、わたしはどんな気分かとたずねた。

アリソン　犠牲者ではなくなった気分。前よりも強くなった感じがします。

その気持ちを忘れないように、とわたしは彼女に言った。「そういう怒りはエネルギーを持っている。あなたがそれを外に出すと、何があなたにとって悪かったかがはっきり見えてきて、もうそれを受け入れる必要はないと確信できる。あなたはこの感情の激しさを感じる必要があるわ。そして、こんなふうに安全に外に出すことでほっとするはずよ。ずっと言いたいと思っていたけど抑えこんできたことを口にすることで、安らぎを見いだすでしょう。最終的にあなたの心を軽くするのは、重荷をおろすことなのよ」

怒りをときほぐして悲嘆を見つける

一見、サマンサはアリソンとはまったくちがうタイプの女性に見えた（四章参照）。彼女は残酷にコントロールする母親に怒りを向け、手紙を読んだときはほとんど叫ぶようにして母親への最後の言葉を口にした。「あなたが気に入ろうが気に入るまいが、わたしは好きなように行動します」そして読み終えると言った。「手紙の中だとしても、やっと母に立ち向かえてどんなに気分がいいか、とうてい口では言えないわ。書いたあとで、何度も何度も文章を読み返したんです。それは母との関係を永遠に変えるのにとても役立ってくれると思いました」
「あなたの手紙に書かれた小さな女の子の屈辱と苦しみが、はっきりとわかったわ」わたしは彼女に言った。「その感情はどこに行ったの？　その女の子はどうなったと思う？」

サマンサ　わかりません……彼女は大きくなってわたしになったんじゃないかしら。

そして大人になったサマンサは、まだいくつもの感情を抱えたままで、克服してはいない。傷ついた子どもは娘の中でまだ生きていて、その子どもは傷つけられることを恐れているのだ。サマンサの仕事での爆発、しだいに短気になることは、まさにその証拠だ。人はしばしば怒りを爆発させることで、無防備な自分を守ろうとするものだ。
「あなたが手紙で言ったことで、ひとつ気にかかっていることがあるの」わたしはサマンサに言った。「お母さんにこう言ったわね。『わたしたちを結びつけようとする見えないひもがあり、それがわたしが人生を歩んでいこうとするのを邪魔している』かつての感情はそのひもなの。それはあなたに傷つくような行動をさせ、まったく思いがけないときに顔を出すのよ」

サマンサ　どうしたらいいですか？
スーザン　少し時間をかけて、あなたの中の傷ついた女の子を慰めてあげましょう。もう安全だし誰にも傷つけられないと、その女の子に教えてあげる必要があるわ。女の子が安全だと感じられたら、あなたも安全に感じるでしょう。さあ、女の子があなたの膝にすわっているところを想像してみて。両腕で女の子を抱きしめるの。彼女は傷ついていて、あなたの慰めをとても必要としているわ。お母さんにぶたれたり、意地悪されたりしたときに、誰かに言ってほしかった言葉を女の子に言ってあげて。まず「ハニー、あんなひどいことが起きて本当にごめんなさい……」という言葉で始めてみましょう。

サマンサ　ハニー、あんなひどいことが起きて本当にごめんなさい。お母さんがあなたに意地悪だったこと、ごめんなさい（サマンサは言葉を切って、わたしを見た）。

これはとてもつらいわ——どう言ったらいいのかわからない——とても居心地が悪いんです。

スーザン　それはよくわかるわ。ずっとそうした弱い感情を抑えつけてきたんだから。もう心をさらけだしても大丈夫。あなたは大切なかわいい女の子で、何も悪いことはしなかったのよ。

サマンサ　ええ、そうですね。あなたは大切なかわいい女の子で、何も悪いことはしなかったのよ。わたしがあなたの世話をしてあげるって約束する。誰にもあなたを傷つけさせることはしないし、理由なく意地悪なやり方で罰したりしない。もうあなたは安全よ。今はいいママがいるから……あなたはかわいい女の子で、もう何も怖がることはないの（彼女はまた言葉を切り、わたしを見た）。

どうして母はこういうことを言ってくれなかったのかしら、スーザン？　どうしてこんなふうに愛してくれなかったのかしら？　ああ、スーザン、母はわたしを愛してくれたことなんてなかったんだわ。わたしを愛していたら、あんなことをしたはずがないもの。

彼女の目にはみるみる涙があふれた。

スーザン　あなたの話を聞いて、たしかにそのとおりだと思うわ。愛はあなたを怯えさせたり途方に暮れさせたり孤独に感じさせたりはしない。理由なく罰することもないし、子どもらしいふるまいをしたせいで、小さな女の子を厳しくしかりつけたりはしない。あなたは正しいわ、サマンサ。あなたが書いたことは愛ではないのよ。

サマンサはこれ以上つらくて続けられないと言った。わたしはその気持ちはわかる、あなたがいけないのではないと励ました。

スーザン　小さなサマンサは何も悪くないのよ。お母さんに愛してもらうために、小さなサマンサには何もできなかった。お母さんは理由はわからないけど、愛することができなかったのよ。だけど、ひとつ確かなことがあるわ。それはあなたとは関係がないってこと。あなたが悪いんじゃないのよ。こう言ってちょうだい、サマンサ。『わたしが悪いんじゃない』

サマンサ　（とても低く）わたしが悪いんじゃない。

わたしは彼女の手をぎゅっと握りしめた。

「もう一度、もっと大きな声で」

サマンサ　（もっと大きな声で）わたしが悪いんじゃない。

スーザン　もっと大きく。自分で自分に信じさせなさい。
サマンサ　（叫ぶように）わたしが悪いんじゃない！（彼女は深呼吸してわたしを見た）スーザン、わたしが悪いんじゃないわ。

いい母親という幻想を埋葬する

わたしはサマンサの精神状態を落ち着かせる課題を提案した。彼女がとらえられていた幻想を埋葬する課題だ。

わたしは小さなドライフラワーの花束を手にとった。このために診察室のコーヒーテーブルの上にいつも置いてあるのだ。「このテーブルが棺だと想像してみて」わたしは言った。サマンサは棺という言葉にぎくりとしたようだった。そこですべて象徴だと安心させた。「さあ、棺が地面に下ろされていくところを想像して。わたしたちが埋葬しているのは、いい母親という幻想。だから棺に向かってわたしは埋葬のときの言葉を言うわ。あなたはあなたなりの言葉で続けて」

わたしはこう始めた。「ここにわたしのいい母親の幻想を埋葬します。それはありえないものでした。現実にはまったく存在しなかったし、今後もありえないでしょう。わたしが悪いのではなかったんです」

サマンサ　わたしは母に愛してもらうために考えつく限りのことをしました。でも何ひとつうまくいかなかった……。

スーザン　わたしはもう彼女の愛を得るためにむだなことはしません。

サマンサ　わたしはもう彼女を幸せにするために自分の人生をゆがめることはしません。あなたのくれるわずかなおこぼれが愛だというふりはしません。あなたを捨てることはつらいけど、安らかに眠ってください、わたしの幻想。わたしは自分の人生を歩んでいかなくてはならないんです。

サマンサは目を閉じ、涙を手の甲でぬぐった。わたしはどんな気分かとたずねた。

サマンサ　悲しいわ。まだ悲しい。でも前より落ち着きました。少し自由になれたかしら。以前よりも強くなった気がします。自分を少しとり戻せました。

埋葬のときに思いを語ることが重要なのは、その言葉自体のためではない。それによって母親がふいに変わってくれるかもしれないという、娘の熱い願望を埋葬するのに役立つのだ。

その言葉の持つ意味と、埋葬という象徴的な行為によって、それは無意識に直接働きかけ、それを再プログラミングする。象徴的な埋葬は「もしこうであれば」、たとえば「わたしがこうすれば、母はやさしくしてくれるだろう」「わたしが母を救いさえすれば、彼女は幸せになるだろう」「必死に努力すれば、母はわたしを愛してくれるだろう」という願望を抹消するのに有効な方法なのだ。

自分のどこが悪いのかを見つけようとずっと努力し、母親の愛と賞賛を獲得する方法を探してきた娘にとって、実はこれまで幻想を追い求めていたと認めることはターニングポイントになるだろう。

怒りと悲嘆を扱う手法

感情が高まったときに、クライアントに安心を与える手法をご紹介しよう。母親との関係に立ち向かうときに、興奮し混乱し圧倒されているあなたにとって、この手法は役に立つだろう。

怒りと対決し管理すること

娘は怒りを抑えこみがちだ。そのため古い傷や記憶を刺激されると、怒りを爆発させてしまうこともある。それはプライベートと仕事の両方の人間関係を危機にさらす。あるいは怒りを抑えこんでいるせいで肉体的症状が現われる女性もいる。

かたや怒りと積極的に関わって、母親に怒鳴ることで怒りを表現している女性は、自分が危険な感情をうまく扱っていると考えているかもしれない。しかし、怒鳴ることは何も言わないことに劣らず役に立たない。それによってあなたは子どもに戻り、信頼を失ってしまうだろう。さらにまずいことに、それでは変化することができない。あなたが怒鳴りはじめたら、母親はあなたの言っていることを聞いていないからだ。あなたはかえって力を失ってしまう。

それよりも、もっといい方法がある。以下は怒りを管理するのにもっとも効果的なテクニックである。

1　批判せずに怒りを感じる

人間である以上、誰でも怒りを感じる。怒りは欠点ではなく、不可欠の感情だ。怒りには好奇心を抱いて近づこう。そしてあなた自身に問いかける。わたしの怒りは何を見ろと言っているのか？　何を変える必要があるのか？

2　怒りを感じる権利があると認める

以下のことを自分に言おう。

○わたしは深く傷ついたのだから、怒りを感じて当然だ。
○怒りはわたしを悪い人間にしない。
○怒ることで罪悪感を覚えるのはあたりまえだ。
○健全なやり方で怒りを管理すれば、怒りは力を与えてくれる。

3　怒りはどんなふうに見えるかを認識する

あなたが怒りから逃げる理由のひとつが、醜く見えるから、というものなら、テレビのショーや映画を観察してみよう。そこでは女性が毅然とコントロールしたやり方で怒りを表現している。強さとたくましさを感じさせる彼女たちの顔は、多くの点で魅力的だ。

4　肉体的な活動によって怒りを発散する

走る、歩く、テニスをする、泳ぐ、エクササイズのクラスで汗をかく。体を動かすことは幸福感に関わっている脳内物質エンドルフィンを放出させる。自分の中にたまっている怒りを発散させるには、いちばんいい方法である。

5　より居心地のいい場所に行き想像する

五分から十分は邪魔が入らない時間を選び、居心地のいい一人だけになれる場所にすわる——お気に入りの椅子、ベッドの上、車でもいい。目を閉じる。鼻から深く息を吸い、ゆっくりと口から息を吐く。あなたの息が温かい流れとなって出たり入ったりするところを思い浮かべ、四、五回ゆっくりと吸ったり吐いたりする。息が体の奥深くの狭い場所まで入っていくのを感じてから、息を吐き、その狭苦しさを運び去ってもらおう。

さて、これまで行ったなかで、いちばん美しく平和な場所を思い浮かべよう。その特別な場所にいる自分を想像して、空気、太陽、風、色彩、匂いを楽しむ。心が穏やかになっていくのを感じるだろう。できるだけ長くそこにいて、大きく呼吸し、その場所の安らぎを吸いこむ。ここではただくつろいで、呼吸をしていよう。さまざまな考えはそよ風に乗せて吹き飛ばしてしまおう。もう立ち去ることができると思ったら、最後にあたりを見回してから、目を開けよう。この場所はいつでもあなたのために存在している。いつでも好きなときに戻ってこられるのだ。

負のサイクルを断ち切るためにあなたの感情を利用する

娘は母親との関係で苦痛が大きくなっていくにつれ、重要な選択を迫られる。自分の感情とどうにか折り合いをつけ、それを本当の変化へ導いてくれるものとして利用するか。あるいは、そうした感情のまま、人を傷つける不適切な行動をして苦痛から自分を守ろうとするか――まさに母親がしたように。

むずかしい感情と折り合いをつけ、それが教えてくれるものを学ぶ勇気を持つことは、母親のようにならないためにいちばん有効な方法だ。そして、それによって、母親がほとんど与えてくれなかった本物の愛情があふれる人生へと踏みだしていけるだろう。

十章　行動を変え、人生を変える

「変わることはとてもむずかしいが、変わらないことはもっと大変だ」

感情と向き合うという大変な作業をして、娘は子ども時代の苦痛は自分に責任がなかったことを心の底から知るようになる。そしてその知識によって、これまで娘をコントロールしてきた罪悪感、屈辱、自己非難が消えていくので、しだいに母親の愛情のない行動や、自分自身の自滅的な反応を受け入れられなくなる。

しかし、この時点で、クライアントの大半は精神世界における大きな変化を日常生活にどう持ちこんだらいいのか、わからずにいる。愛情のない母親を持つ娘はひどい役割モデルしかなく、自分自身に対する責任や自立した女性としての権利を教えられたことがない。自分のために弁護した経験もなく、健全な方法で争いやストレスを処理したり、他人の行動から自分を守るために境界線を設けたりしたこともない。

しかし、娘にはそうした技術が必要だし、願いどおりの女性になるためには新しい手法が必要だ。この章では、新しい人間になるための詳細な計画を示そう。そして、母親との関係を変えるための行動戦略とコミュニケーションスキルをお教えするつもりだ。

それらは、あなたが人生に大きな変化を起こすために役立つはずだ。

大人の娘の責任と権利

自分は母親の幸せに責任があるという考えを捨てると、これまで経験したことのない空虚さを感じるだろう。あなたは小さな頃から母親にあわせて人生を作ってきた。だから今、母親と最小限の接触しかしなくなっても、母親の欲望を優先するこれまでの習慣のせいで、自分の面倒を見て、自分を管理する方法がわからなくてとまどっているかもしれない。

しかし、あなたには本物の責任があるのだ。大人の娘として、以下のことに責任がある。

○自分の価値を主張すること。
○望んでいる人生を送ること。
○危険だったり毒になりそうだったりするときに、自分の行動を認識したり変えたりすること。
○大人としての力を見つけること。
○母親の愛情のないプログラミングのレプリカである行動を変えること。

最初のうちは、こうした責任を大切にする意味や、どうやって実行したらいいのかが、わからないかもしれない。それはそれでいい。これは目標とする行動なのだから。今、あなたは母親が支配していた世界を去ろうとしている。あなたは内面的にも外面的にも変わらなくてはならないだろう。こうした責任はそのための重要な一歩なのだ。

責任と同時に権利も認識する必要がある。強い女性であり娘であることをあきらかにする権利だ。わたしは下記のようなリストを作った。あなたがそれを「内面化」し、実践すれば、あなたにとって毒になる人を今後は許さなくなるだろう。

大人の娘の権利章典

1　敬意を持って扱われる権利がある。
2　他人の問題やひどい行動の責任を負わない権利がある。
3　怒る権利がある。
4　ノーと言う権利がある。
5　過ちをする権利がある。
6　自分の感情、意見、信念を持つ権利がある。
7　気を変える、あるいは異なる行動をとろうと決める権利がある。
8　変化を求める権利がある。
9　精神的支えや助けを求める権利がある。
10　不当な扱いや批判に抗議する権利がある。

大人として、あなたはこうした権利を持っているが、長年のプログラミングのせいで、それに基づいて行動できないかもしれない。子どものときはまったく正反対の方向に導かれ、完璧でないと罰を与えられたからだ。そして今、あなたはこうした権利を気に入っているものの、それを主張することにとまどいを覚え、不安を感じているかもしれない。

しかし、あなたは自分で考えているよりもずっと強く、勇気がある。そこで「自己防衛的にならない」コミュニケーション方法を提案したい。このスキルがあれば、争いを処理するやり方がこれまでと大きくちがってくるだろう。そしておそらく生まれて初めてあなたは権利を行使し、自分の責任に基づいて行動するようになるだろう。

自己防衛的にならないコミュニケーション方法を利用する

防御は害悪から自分の身を守ることだが、過剰な弁解は弱さの表れだ。挑戦や批判を必死に避けようとしても、あなたは決して対等になれない。

以下は過剰な弁解でよく使われるフレーズだ。

○わたしはちがう。
○わたしのことをどうしてそんなふうに言うのか？
○どうしてあなたはいつも……？
○どうして変化を認められないのか？
○そんなことはおかしい。
○わたしはそんなことを言わなかった、しなかった。
○わたしがしたのはたんに〜だからだ。
○そんなつもりではなかった。
○ただ〜しようとしただけだ。
○でもあなたは〜と約束した。

こうした弁解の言葉には不安、心配、恐怖、弱さがたっぷりこめられている。弁解の言葉はあなたの敵だ。弁解している限り、あなたは母の批判的な言葉を招くだけだ。弁解によって、あなたは弱くなるからだ。

しかし、使う言葉を変えることで、簡単にその悪循環は断てる。

自己防衛的にならないフレーズ

○本当に?
○なるほど。
○わかります。
○それはおもしろい。
○それはあなたの選択ですね。
○きっと、それがあなたの見方なのですね。
○あなたにはあなたの意見があるでしょうね。
○申し訳ないけど、あなたは動揺しているようですね。
○これについては、あなたがもっと冷静になったときに話し合いましょう。
○怒鳴ったり脅したりしても、何も解決しませんよ。
○この話題には触れないでください。
○わたしはこの会話をする必要はないんです。
○罪悪感を押しつけたり、同情を買おうとしても、もううまくいきませんよ。

○これについては交渉の余地がありません。

百回のうち九十九回は、こうしたフレーズが試合をストップさせるためにレフリーのような働きをするだろう。相手が機嫌のいいときは使う必要はないが、あなたが責められたり、いじめられたり、攻撃されたり、批判されているときには役に立つ武器になる。

行動を変えれば、感情が追いついてくる

自己防衛的にならないコミュニケーション方法をとりはじめたら、母親がどう反応するだろうと不安かもしれない。しかし不安のあまり、この新しい行動を実践するのをためらわないように。最初に試すときに、胃がでんぐり返ったり、首がこわばったりしても大丈夫だ。あなたが心で何を感じていても関係がない。「行動を変えれば、感情が追いついてくる」はずだ。

母親が優勢なときに感じる苦痛や屈辱やいらだちはみるみる消えていき、あなたは誇りと力がわいてくるのを感じるだろう。しかし、まず最初の一歩を踏みださなくてはならない。新しく学んだことは頭の中だけにしまっておいてはだめだ——行動を起こさなくてはならないのだ。今までは、あなたの母親がその力を握っていた。いまやあなたはそれを変えることができるのだ。恐怖や不安にコントロールされないようにしよう。失敗してもかまわないのだから。次のときには、ちゃんとやれるはずだ。少しずつ、自然に自己防衛的にならない行動をとれるようになるだろう。

母親があなたの新しい行動にどう反応するかは予測がつかない。彼女は反論されたことがないからだ。ナルシストの母親は怒りを向けてくるかもしれない。過剰に関わってくる母親は同情という武器を使うかもしれない。ともかく、あくまで自己防衛的にならない態度を貫くこと。母親がどう出ても、自己防衛的にならないフレーズのリストは役に立つはずだ。母親が激怒したり言葉の虐待を始めたりして、会話を打ち切りたくなったら、こう言おう。「あなたがもっと冷静になったら、それについて話し合いましょう。わたしはそろそろ失礼しなくてはなりません」

この新しいコミュニケーション方法は、最初は新しい靴のようにぎこちなく感じられるかもしれない。しかし、靴をはきこめば足になじんでいくように、練習によってしっくり感じられるようになるだろう。

かつての自己防衛的なパターンに戻っても心配はいらない。よくあることだ。また挑戦する機会はいくらでもあるだろう。母親との関係に自己防衛的にならないフレーズを常に織りこむようにしよう。何度も何度もやっているうちに、あなたはますます居心地がよくなっていくだろう。

このスキルを学んで、毎日の行動にとりいれていくことはきわめて重要だ。母親に対してこれができれば、どんな相手に対してもできるだろう。

十一章　境界をもうける

「ノーという権利があるとはこれまで思ってもみなかった」

自己防衛的にならないコミュニケーションは効果的に争いをそらし、勢いをそぐ。それによってあなたは怒りをかきたてる言葉にも冷静に対応できるだろう。

人間関係における力のバランスを劇的に変えるには、自己防衛的にならない対応だけでは足りない。求めているものをはっきりと表現して、母親に伝えなくてはならないだろう。それには境界を設定する必要がある。つまり母との関係における限界とルールを決めるのだ。

境界を設定すると、すべてが変わる。あなたは自分の物理的および精神的空間を決めることができ、自分が人生をコントロールしていることをはっきりさせられる。物理的境界は、あなたのいる場所やあなたの家の中で、他人がしてもかまわないことを決める。精神的境界はあなたがどのように扱われるのならかまわないかを決める。手紙を書く作業は、自分と母親とのあいだの精神的な別離を理解するのに役立った。しかし、その作業をしても、母親の行動や反応から自分を切り離すのはむずかしいだろう。以下の質問は、あなたが母親の精神的ルールによっていまだに操られているかどうかを確認するものだ。

○母親の感情と望みにいまだに責任を感じているか？
○母親の感情と望みをいまだに最優先し、あなた自身のそれを無視するか？

○母親が動揺するせいで、いまだにあなたも動揺するか？

これらの質問のひとつかふたつにイエスと答えたら、あなたの精神的境界は弱い。まだ母親がコントロールする精神的テリトリーで暮らしているのだ。

母親の感情や望みに比べればあなた自身の感情や望みはたいしたことがない、と教えられて育ってきた女性の精神的境界が弱いのは意外ではない。

あなたの大人としての務めは、自立した女性になることだ。しかし、自分の望むものを手に入れようとすること、自分の才能を表現すること、自分の好きなものを好きになること、それらを自分に許さなかったら自立した女性にはなれない。母親の人生からあなたの人生を切り離したら、それが実現できるだろう。

境界をもうける

ステップ1　求めているものをはっきりさせる

あなたの境界が弱いなら、母親との関係でどういう行動ならかまわないか、時間をかけて慎重に考えてみよう。何によってあなたは侵害され、けなされ、見くびられ、無力感を与えられ、忘れられていると感じるのか？　母親の要求に対して、したいこととしたくないことのあいだのどこに線を引きたいのか？

あなたは常に敬意をもって扱われるべきだし、不当な扱いや批判に抗議する権利があるということを覚えておいてほしい。そうした権利を境界によって補強することは重要だ。母親がわめいたり、脅したり、言葉で虐待をしたりすることは常に許されない。あなたや友人や家族を批判しないでほしい、と頼む権利があなたにはある。頼んでもいないアドバイスはしないでほしい、と求める権利がある。あなたは非難されたり、彼女の問題の責任を負う必要はないのだ。

母親に求めているものを伝えるうちに、決意がぐらついたり不安定になったりしたら、個人的な権利章典に立ち返ろう。あなたは選択肢のある大人で、母親の愛情のない行動をリストにすることで、自由へと大きく一歩近づくことができるのだ。あなたと愛情のない行動のあいだに置くスペースが境界だ。あらゆる境界をいちどきに置くことは勧められないし、その必要もない。しかし、あなたが望むものをはっきりさせることは必須だ。

ステップ2　母親への希望を伝えるときに自分の見解をはっきりさせる

境界があなたにだけわかっていても意味はない。母親に新しいルールをはっきりと伝えて初めて、それは現実になるのだ。つまり、母親がその境界を越えてあなたを不愉快にさせたり、依頼や要求や勝手な思い込みをしたときに、そう告げることによって。

あなたは自分の立ち場によって境界をもうける。それはこうした言葉で始まるものだ。

○わたしはもう〜したくない。
○わたしは喜んで〜する。
○あなたが〜するのはもう我慢できない。
○あなたが〜するのはやめてほしい。

○わたしはあなたに〜してほしい。

たとえばこんなふうにだ。

○「お母さん、わたしはもうお父さんのことで愚痴を聞きたくないの。これからは他の人とそういうことを話してほしいわ」

○「わたしの夫を批判するのはやめてほしいわ」

○「わたしの家や子どもの前でお母さんがお酒を飲むことには、もう我慢できないの」

あなたは謝罪したり説明したり理屈づけしたり懇願したりする必要はない。常に自分の見解をはっきり伝えていいのだ。何が許せるか？　何がだめか？　それを伝えるようにしよう。

ステップ3　いくつかの対応を準備しておき、それを利用する

完璧な世界だったら、あなたが自分の望みを口にしたら、母親はあなたを抱きしめてこう言うだろう。「あなたがそれを不愉快に思っているとは知らなかったわ。もちろん、わたしは変わるわよ！」そしてその後、あなたたちはすばらしい関係を築けるだろう。しかし愛情のない母親との現実の世界では、それほど簡単にはいかない。あなたのもうけた境界は母親にとって衝撃だろう。あなたがそういう主張をするとは考えたこともなかったからだ。母親はあなたが新たに身につけた力に脅威を覚え、反撃してくるにちがいない。

だからこそ、母親が言いそうなことに対して心の準備をしておき、どう対応するかを練習しておくことが重要なのだ。議論や説明などをせずに、あなたの立ち場を伝えることだけに集中しよう。以下はいくつかの例だ。

母親　どうして今そんなことを言うの？　これまでは気にしていなかったでしょ。

あなた　わたしはとても気になっているのよ、お母さん。これまでは言う勇気がなかっただけ。もう〜するのは我慢できないの。

母親　いったい何があったの？

あなた　わたしは勇気を手に入れたので、状況がはっきり見えてきたのよ、お母さん。もう見て見ぬふりをしたり、言い訳したり、謝ったり、不愉快な行動に甘んじたりするつもりはないの。

母親　誰にそんなことを吹きこまれたの？

あなた　全部わたしの考えよ、お母さん。これについてさんざん考えてきたけど、今後はもうこういう状態を受け入れないつもりよ。

ステップ4　筋の通った結論を選ぶ

母親はあなたの設定した境界に抵抗するか拒否するかもしれない。そこで、何を言うか、何をするか、計画を立てておく必要がある。境界をもうけたとき、あなたはある特定の行動を受け入れがたいと思っていたはずだ。その行動の影響から自分自身を守りたいことを明確にし、真剣であることを母親にも自分自身にも示すために、毒になる行動とは距離を置かなくてはならない。母親が抵抗したときに、どう行動したらいいか？　まず、あなたの立ち場をもう一度伝えて、境界をはっきりさせる。次に、母親がそれを尊重してくれなければ、以下のようにしてかまわない。

○立ち去る。
○母親に帰ってくれと言う。
○電話を切る。
○母親との接触を控える。

他にも可能な対応はたくさんあるので、あなたが苦しんでいる行動からいちばん守ってくれそうな方法を考えておこう。母親が境界を尊重してくれないときに、母親の愛情のない行動に距離を置く目的は、彼女に仕返しし、痛みや屈辱を味わわせることではない。それがあなたにとってもっとも利益になる行動だからなのだ。

前もってどうするかを決めておき、母親にあなたの計画を知らせ、それを忠実に実行し、母親にあなたの言葉が真剣であることを理解させよう。

母親の行動を変えることはできない――それは母親にしかできないことだ――しかし、あなたは自分の行動を変えることで、母親との関係を変える力があるのだ。

簡単ではないが、ともかく実行しよう

今こそ、あなたは決断しなくてはならない。「この状態を続けて、母親との関係がわたしの幸せをだいなしにするのを許しておくか。それとも、わたしが変わるか」

それは簡単ではないが、ともかく一歩ずつ実行しなくてはならない。あなたは罪悪感や恐怖を覚えるかもしれない。しかし、健全な女性になるために、そうした不快な気持ちに耐えてみせる、と自分に誓おう。それはあなたにとってもっとも重要な誓いなのだ。

十二章　今どういう関係を望んでいるかをはっきりさせる

「やっと大人の女性になれた気がする」

あなたは変わった。あなたは自分の権利を大切にし、自分を守るための手段を講じることで前よりも強くなっている。母親に対して境界をもうけ、彼女の行動に対してこれまでとはちがう反応をするようになった。健全さを取り戻したのだ。

新たな作戦を続けていくにつれ、母親が本当にあなたの限界や境界や望みを尊重したいかどうかがわかるだろう。あなたが真剣だということを理解するのに時間はかかるかもしれないが、あなたが何を望んでいて、何を望んでいないかを伝え、それを譲らないようにすれば、あなたの今後の方針を示すことになる。

その現実が頭に染みこむにつれ、批判やコントロールや自己愛の程度がさほどひどくない母親は、娘との関係を続けていきたければ、対等な大人として尊重しなくてはならないことに気づきはじめるだろう。それ以外の母親は攻撃されたと感じ、自分がまちがっているという考えに我慢できず、愛情のない行動を反省して変えようとはせずに、さらにそれを強めるだろう。

あなたには前に進んでいくために、四つの選択肢がある。ただし、これまでどおりの状態を保つことはそれに含まれていない。

1　自己防衛的にならない作戦を自分を守るために断固として続け、母親の愛情のない行動を抑える。

母親によっては、それだけでうまくいく場合もある。

2　よりよい関係になるために交渉する。改めてあなたが求めているものを母親に伝え、互いに同意できるものを探し、逆戻りしないように母親とあなた自身の行動を監視する。少しずつ境界を設定していくだけでは効果がないような、もっと複雑な状況でも、交渉はたいていうまくいく。

3　わたしが「ティーパーティー関係」と呼ぶ関係を作る。あなたは連絡をとるが、あくまで表面的なものにして、母親にあなたの弱さを見せたり批判させたりする隙を与えないようにして自分を守る。

4　完全に母親との縁を切る。

選択肢1　新しく手に入れた正常な状態を補強するために新しいスキルを利用する

ローレン（三章参照）は過剰に関わってくる母親との関係で、もっと息がつけるようになるために自分の見解をはっきりさせた。数週間後も新しい境界を守っているローレンは、楽観的な気分でわたしのカウンセリングにやって来た。

ローレン　本当に信じられません。これまで母からチェックの電話がかかってきた午後五時は何事もなく過ぎていき、ときにはまったく忘れていることもあるんです。週に二、三度、母とおしゃべりすることを楽しみにしているほどです。何もかも完璧だと言うつもりはありませんけど、前よりもずっとよくなりました。逆戻りしないように気をつけていなくてはなりませんけどね。母はまだべったり仲良くしたがっているようですから。でも、何もかも母といっしょにできないことを伝えるのが前よりも上手になりました。
わたし、ささやかなディナーパーティーを予定しているんです。お友だちだけの。母にそのことを話したら、招かれなかったことにとても動揺しました。もう少しで、こう言いそうになりました。「あら、いいわ、来てちょうだい」でもそのとき思ったんです。「いいえ、そんなのおかしいわ。わたしは母に同席してもらいたくないんだから」それでそう伝えたんです。これまでは正直になれなかったんですが、今回はこう言いました。「お母さん、こういうことについて話したいと思っていたの。わたしは友人たちだけで過ごしたいときがあるのよ」母が以前の「あなたはわたしを愛していないのね」というせりふを口にしても、わたしは謝りませんでした。「馬鹿なこと言わないで、お母さん。愛してるわよ。そろそろ切るわね」それでおしまいでした。

残酷でも毒舌でもない真実を口にするたびに、あなたは成長していく。ローレンは罪悪感でがんじがらめになった従順な娘であることをやめた。そして、次々に権利を手にするようになっている。

「これがわたしの望んでいることよ」

ローレンの母親のようにしぶしぶながらも娘の変化を受け入れるのが普通だと言いたいところだが、そうではない。そしてその場合、あなたはさらに踏みこんだ手段をとる必要がある。

選択肢2　よりよい関係のために交渉する

この本で見てきたほとんどの母親は、娘が自己表現をしても、さほど衝撃を受けないだろう。コントロールする母、ナルシストの母はとりわけあなたの意見に耳を貸さず、何事もなかったかのようにふるまうかもしれない。あるいはしばらくは境界を尊重し、今後は変わると約束するが（ナルシストの母親はとりわけ自分がよく見えることを誇りにしているので、しばらくは自分のイメージをよくするためだけに娘にあわせることが多い）、結局以前の行動に戻るかもしれない。そうした場合、自分の要望や要求について、もっときちんと交渉しなくてはならないだろう。

母親の行動がただちに大きく変わることでしか癒しが得られない場合、あなたはよりよい関係のために交渉したいと思うだろう。以下のときは、それにあてはまる。

○母親が未治療の依存症や鬱状態などの病気を持っていて、そのせいで関係が改善されない。
○何かの危機のせいで、破滅的な関係をただちに変えることが求められている。
○過去に虐待があったなら、母親が虐待の共犯、あるいは張本人になったことに対する責任をとるつもりがあるかどうか見極める必要がある。母親に責任をとるつもりがないなら、そもそも彼女とつきあうことはあなたの幸福にとって毒になる。

このような例の場合は、母親に解決したい重要な問題を伝え、彼女にしてもらいたいこと、自分が進んでやることを知らせよう。そして状況が変わらなければどうなるかも。この交渉は母親の愛情のない行動からあなたを守るとともに、どの程度の関わりならあなたにとって健全かを教えてくれる。

母親とのあいだの問題はとても重く複雑で論争を引き起こすかもしれないので、交渉の準備は完璧に整えておかなくてはならない。母親と冷静に自己防衛的にならずに話し合うために、あなたには明晰な精神と自信が必要だろう。不安が大きいときは、セラピストの力を借りるように。家族の過去に肉体的あるいは性的な虐待が存在するなら、セラピストの支えは不可欠だ。あなたには擁護者が必要なのだ。一人だけで立ち向かうのは賢明ではない。

選択肢3　ティーパーティー関係

母親があなたの変化にずっと抵抗しているか、それにあわせるつもりがないようなら、あなたの幸福をそこなわないために、わたしが「ティーパーティー関係」と呼ぶ関係をお勧めする。これは非常に表面的な関係だ。あなたを傷つけたり批判したりする機会を母親に一切与えないので、あなたは絶対に弱い立ち場にならずにすむ。

これは多くの娘が選ぶ選択肢だ。なぜならある程度の接触を保ちながらも自分を守ることができるし、以前ほど苦痛を感じずに母親と交流できるからだ。まったく関係を持たないよりも、安全な作り物の関係の方がいいと考える娘は多い。

母親に女優のキャリアを批判されて自信を失ったジャン（二章参照）には、こうアドバイスした。「あなたがやっていること、希望や夢については話題にしないこと。あなたの仕事関連の行事には招かないこと。おしゃべりは映画や本や天候などの表面的なことだけにして心をさらけださないこと」

この選択肢を選んだら、あなたの人生の大部分を母親から隠したせいで、母親の「なぜ？」という質問を浴びせられることを予期した方がいい。

○どうしてそんなふうにふるまうの？
○どうしてもっと話ができないの？

○どうしてあなたの人生をわたしとわかちあえないの？
○どうしてそんなに心を閉ざしているの？

あなたはこう答えればいい。

○今、一人であることに取り組んでいるのよ、お母さん。あなたの方はどうしているの？
○そのことはまだ話す段階じゃないの。たぶんもう少ししたらね。
○わたしは元気よ、お母さん。あなたのことを聞きたいわ。

母親の詮索を防ぎ、ターゲットにされないためには、うまく追及の手をかわし、巧みに新しい話題を提供する必要がある。たとえ、あなたがいらいらして不安定になっていても。

これは自分を愛してくれる相手にとりたいような態度ではないかもしれない。いんちきのように感じられるかもしれない。しかし、けんかをふっかけてきたり、あからさまに罵られたりすることはないから、愛情のない母親との精神的なへその緒を切りたくない、あるいは切る心の準備がまだできていないのなら、これはまちがいなくいい選択肢になるはずだ。あなたは積極的に自分を守ることで力を得られるし、それによって母と娘の状況が変わるからだ。この選択肢がいちばんいいと感じるなら、どうかためらわないように。多くの女性は愛情のない母親と縁を切ることを強く望んでいない。だから、こういう中立地帯を見つけられ、自分の高潔さに傷がつかずにすめば、ほっとするだろう。ときには、それがあなたにとってもっとも健全な選択肢になるのだ。

十三章　もっともむずかしい決断

「わたしの母か、わたしの幸福か、という選択になる」

娘とよりよい関係を持ちたいという気持ちを母親に無理やり持たせることは誰にもできない。母親としての感情よりも、愛情のない行動の方がずっと強い母親もいる。そうした場合、距離をとり、表面的な関係を保とうとする娘もいるだろう。しかし、そうしたティーパーティー関係では、母親のコントロールや批判や過剰な関わりを充分に防げない場合もある。その場合には、とてもむずかしい選択肢しかない。接触を断つことだ。

この決断を軽々しく下せる人はいないだろう。あらゆる働きかけをし、学んできたあらゆる技術を駆使しながら、娘は母親がいい変化をしてくれる兆候を見つけようとする。そうしたことが起こらない場合、自分の人生を破壊する自滅的なパターンを終わらせる方法は、母親との関係を終わらせることしかない。そう悟るのは、娘たちにとって胸を引き裂かれるようなことだろう。

母親との関係を断つことは、女性にとってもっともむずかしいことだ。しかし、選択肢が尽きてしまった娘にとって、ずっと願っていた健全で満足できる人生を送るためには、これは必要なステップなのだ。この章では、クライアントのカレン（四章参照）がこのむずかしい選択をするのに、どう手を貸したかをご紹介しよう。ただし、このステップは援助なしに行うことはお勧めしない。もしこれを検討しているなら、あなたを導き、あなたの頭をはっきりさせてくれ、母親と絶縁して母親のいない人生をあらためて作りあげることの正当性を証明してくれるセラピストを見つけてほしい。

カレンの母親はフィアンセのダニエルと結婚することを強硬に反対していた。カレンは母親の侮辱や攻撃に対して境界をもうけようと必死に努力した。しかし母親はカレンの意見や、変わってほしいという自己防衛的にならない要求にもまったく耳を貸さなかった。

わたしはカレンにどうしたいのかとたずねた。

カレン　こんなふうになるなんて信じられなかったわ、スーザン。でも母が変わらないなら——わたしとダニエルの関係は壊されてしまう。万事休すだわ。彼女はわたしをコントロールし、頻繁に侮辱しているので、もう母と顔をあわせられるかどうかも自信がないんです。

カレンは、自分の望んでいる人生は母がいては手に入らないという結論を出した。彼女のような娘は母親か、自分の精神的健全さか、という選択を迫られる。後者を選ぶことが非常に重要だ。

母親に終わりだと告げる

母親に絶縁の決意を告げるいちばんいい方法は、短い端的な手紙を書くことだ。古傷を甦らせたり、質問したり、謝罪を求めたりする手紙ではない。この手紙の趣旨は、今後はあなたと接触することはできないと、母親に単純明快に告げることだ。手紙は自己防衛的にならない短い文章にするべきだ。長さはせいぜい一段落か二段落ぐらいにしよう。

わたしはこんな手紙を書くようにとカレンに言った。

「お母さん、さんざん考えた末、これ以上あなたと接触を持たないのが、わたしにとっていちばんいいという結論に達しました。つまり、今後は電話、手紙、メール、訪問は一切しないということです。今後はあなたといっしょに過ごすつもりはまったくありません。どうかわたしの希望を尊重してください」

肝心なのは、ドアを少し開けておくようなどっちつかずのメッセージを避けること。あいまいだったら、母親は彼女の手紙を真剣に受け止めないだろう。

このメッセージを会って伝えるのはいい考えではない、とカレンに言った。そうした行動は、母親がカレンの要求をきちんと受け入れるとか、進んで話を聞く場合にしかとるべきではない。娘はあくまで冷静に、言うべきことに集中しなくてはならない。そうするためにもっとも効果的なのは、書くことだ。クライアントたちには、手紙は手書きし、Eメールではなく郵便で出すようにと勧めている。娘の筆跡によって、それが正体不明の機械から送られた言葉ではないと、母親にしっかり認識させることができるからだ。

カレンに対する最後のアドバイスは、電話ではこのメッセージを伝えないということだ。母親はカレンに最後まで言わせずに簡単に電話を切れるからだ。

罪悪感をとり除く

家族がどう反応するだろうという不安を克服して、大きな一歩を踏みだすには、カレンの罪悪感をなだめなくてはならなかった。多くの娘が母親との接触を断つ権利などないと信じている。母親について悪口を言うことはタブーだし、母親との関係を終わらせることなど考えられないように思えるかもしれない。たとえ接触を保つことが娘の幸福を非常にむしばむものであっても。娘は途方もない罪悪感を覚える――現状を否定することに、家族という概念の土台を揺るがす行動をとることに、他の人間の期待に添うために自分を犠牲にする代わりに自分にとっていちばんいい行動をとることに。おそらく、愛することができず愛そうという努力もしない母親との絆を断つことに、もっとも罪悪感を覚えるだろう。

そうした大きな罪悪感に対処するのにいちばんいいテクニックは、それをはっきり認識して、それに挑むことだ。罪悪感と不安を表すために「怪物」のイメージを利用するようにと、カレンにアドバイスした。そして、それに話しかけ、自分の人生はもはや「怪物」に意のままにされないことを伝えようと。

そのイメージはネットで見つけて印刷するか、雑誌から切り取ろうと提案した。カレンは〈ナショナル・ジオグラフィック〉で、古い地図の隅を守っている海の怪物を見つけてきた。

それを自分の前に置き、しばらく見つめてから、カレンは話し始めた。

カレン　（自分の罪悪感に向かって）あなたがどうしてわたしの人生でこれほど大きな部分になったのか、よくわからないわ。ともかく、わたしの中から出ていってちょうだい。もうあなたは必要ない。あなたは不要だし、あなたを満足させるつもりもない。あなたはわたしの自尊心と人格を傷つけることをするからよ。

あなたのせいでわたしは怖がっている。結果を恐れ、本当にやりたいことをするのを恐れ、自分が本当はどういう人間か知ることを恐れた。わたしが望んでいる人生を手に入れるために必要なことをしようとしたら、あなたはわたしをとても苦しめた。わたしはあなたを満足させすぎたし、あなたを喜ばせすぎたし、あなたの望むような存在でいすぎた。もうそういうことはおしまい！

わたしに必要なのは自分の同意だけ。これからは、ありのままの自分となりたい自分に満足して生きていくつもりよ。誰を自分の人生に入れ、誰を締めだすかは、わたしが選ぶわ。そして、どういう人生を歩みたいかも、わたしが決める。あなたではなくてね。

自分にとっていちばんいいことをするせいで、あなたに悪者扱いされるつもりはもうないわ。

いなくなってくれて、せいせいしたわ！


娘が罪悪感に向かってもう自分の人生を支配させないと伝えると、力を感じられるものだ。そうすることによって娘は、今後は感情的な悪魔に邪魔をさせるつもりはない、と潜在意識に伝えているのだ。

家族や友人の反応に対処するための作戦

カレンは愛情深い伯母といとこたちに支えられてきたので、最大の不安は彼らを失うかもしれないということだった。多くの女性が母親と接触を断つことの反響ばかりか、他の家族から締めだされるのではないかということも心配する。

わたしはカレンに親戚たちに自分から言う必要はないと伝えた――母親がほぼ確実に、何があったかを全員に知らせるだろうから。愛情のない母親は騒ぎ立て、娘の「病気」とか「とんでもないふるまい」に対して、自分に支持を集めようとしがちだ。

わたしはさまざまな反応に心の準備をしておくようにとカレンにアドバイスした。「誰がどうするかは予測がつかないわ」わたしは言った。「だけどあなたを本当に愛している人々は、あなたが自分にいちばんいいことをするのを支持するはず。それを覚えておいて。そして愛していない人たちに対しては『自己防衛的にならない対応の仕方』を利用しましょう」

母親の擁護者として選ばれた家族のメンバーから、娘はしばしば謝罪を求められる。娘に批判を浴びせる親戚もいるかもしれない。家族を崩壊させたと娘を責め、「お母さんを殺すつもりなのか。毎晩、泣きながら寝ているんだぞ」というようなことを言われるかもしれない。

クライアントには、攻撃されるままになったり、おとなしく非難に耳を傾けたりする必要はないと伝えている。これまで学んできたコミュニケーションスキルを利用し、「自己防衛的にならない対応の仕方」を利用しよう。たとえば「あなたはきっとそう考えるでしょうね」とか「あなたがどういう意見を持とうと、それはあなたの自由ですよ」とか。さらに、以下のような対応を提案している。

○これは母とわたしのあいだのことなんです。
○この会話はしたくありません。
○これはわたしの決断で、譲れないものなんです。
○この話題には触れないでください。わたしと話がしたいなら、他の話題にしましょう。
○ご心配はありがたいですが、これについては話し合いたくありません。

自分の決断についておじやおば、いとこ全員と話す必要はないが、近親者――父親、きょうだい――には個人的に打ち明け、精神の健康を守るためにこういう手段をとったと知らせておくことは重要だ。彼らの反応をコントロールすることはできないが、どちらかの味方をしないようにと頼んでおくことは可能だ。
いったん娘が母親との接触を断ったら、「その後いつまでも幸せに暮らしました」ということはありえない。多くのクライアントが大きな安堵と誇りを感じたものの、しばらくは自己不信と罪悪感に苦しんだと語っている。気分の波が大きくなることもよくあるだろう。妹に「その男のせいでうちの家族は崩壊し、お母さんは打ちのめされたのよ」と罵られたつらい経験のあとで、カレンは意気消沈してしまった。

カレン　自分が正しいことをしたのはわかってるんです。でも、みんなが動揺しているのを目にするのはいたたまれなくて。みんなが正しくて、わたしが人生最大の過ちを犯したんだとしたら？　そうじゃないことはわかっているんですけど、このことで気分が上がったり下がったりしています。自分の母親と縁を切る人間であることが、ときどきつらくなるんです。

わたしはその疑いはいずれやわらぐと保証した。「あなたは自尊心と自分の人格を大切にしているのだということを忘れないで。いずれそれは大きな成果となって返ってくるわ。以前のような生き方に本気で戻りたい？　あなたもダニエルも母親に常に批判される暮らしをしたいの？　たんに妹さんや他の家族をなだめるためだけに？　母親を変えることはできないけど、あなたは自分自身を変えるというすばらしいことをしているのよ。それに、それしかあなたにはできないの。これでよかったのかという迷いは、いずれ消えるでしょう。今は時間があなたの親友なの。いきなりすばらしい気分になることはない。でも、いずれそうなるわ、日がたつにつれて」
　家族は血縁だけで決められるものではないし、今はえりぬきの家族を見つけているところだ、とわたしはカレンに言った。自分の人生に加えてもいいほど彼女を愛し、尊敬し、尊重してくれる人々を。

カレン　ええ、そのとおりだわ。ダニエルの家族はとてもわたしによくしてくれるんです。まるで養女にしてくれたみたい。
スーザン　ね、あなたにも家族がいるのよ。そしてあなたとダニエルもいずれ新しい家族を持つでしょう。

　娘がその知らせを母親に伝えたあと、人生が新たな形で落ち着くまでには少し時間がかかるだろう。クライアントには強力なサポートシステムを準備するように勧めている——セラピストだけではない。たとえ激しい敵意というプレッシャーにさらされたときにも、その決断を貫くことの大切さを思いださせてくれる親友や力になってくれる家族を。「あなたは嘆くでしょうし、罪悪感と不安でうつむくでしょう」わたしはカレンに言った。「でも少しずつ、苦しみは消えていくわ。そして、新しいもっと健全な人生が自分の足下に広がっているのを感じるでしょう」

十四章　老い、病気、孤独。急に頼ってくる母親

「母を助けてあげなくてはならない。だって彼女はまだわたしの母親だから」

母親にきちんと育てられなかった傷を癒すことで、娘は多くの恵みを手に入れられる。まず消極性や罪悪感や不安が減る。人を喜ばせたいという衝動がおさまる。他人ではなく自分自身の望みによって人生を歩めるようになる。昔のパターンがまた顔を出さないようにするには、毎日の努力が必要だろう。しかし、いったん新しい人生が動きはじめたら、かつての束縛されたつらい人生に戻ることは想像できないはずだ。

ただし、ある特別な状況で足下をすくわれることがある。母親が突然病気になったり、弱ったり、孤独になったりすることだ。深刻な危機によって古傷が再び開き、娘が母親との関係で自分を守るために慎重に下した決断が白紙に戻りかねない。そして、かつての不健全な行動パターンばかりか、その下に潜んでいた母親に愛してほしいという渇望も再び甦ってくる。

しかし、人生は不変ではないし、常になにかしら挑戦することが生じるものだ。この短い章を読んだら、いつか必要になるかもしれないから心に留めておいてほしい。そうすれば、不健全になりかねない難問が生じても、人生を踏みはずさず、あなたの幸福を守ることができるだろう。

デボラ「母が癌になった」

加齢という難問に立ち向かっていたり、いきなり人生がひっくり返ってしまったりした母親に対し

て責任をどうとるかは、どの成人した娘にとってもむずかしいことだ。まして、愛情のない母親との関係を変えるために慎重に手段を講じた娘にとっては、それは大変な苦しみだ。愛情のない母親が突然腰を骨折したり、命を脅かされる病気になったり、「お父さんが死にそうなの」と涙ながらに電話をしてきたりしたら、あなたを守るために設けた境界はどうなるだろう？

後戻りするのは簡単だ。困っている母親を目にしたら、境界を設けたことへの罪悪感、母親の愛と賞賛を得たいという執拗な願いが再び表に出てくるだろう。娘は人生を修復するために見事な手腕を発揮し、以前よりも自信と独立心を持つようになったかもしれない。しかし、一人の人間として強いと感じていても、苦境に立たされた母親が再び登場したことで、かつてのパターンにまた陥りかねない。どの娘もその危機が祝福に変わることを祈っているだろう——死を身近に感じたことや悲嘆に暮れたことがカタルシスになって、母親の愛情のない行動の最悪の部分が消え、前よりも親密になれるのではないかと。そういうことが起こる可能性もゼロではない。しかし、どういう結果になるかはわからないので、わたしはいつもこういう状況で期待を抱くのは慎重に、とアドバイスしている。ただし、母親と新しい関係が作れるかもしれないという可能性は残しておこう。

子ども時代に母親から肉体的虐待と言葉の暴力を与えられてきたデボラ（六章参照）は、自分自身の子どもへの怒りが危険なほど大きくなりそうなことを怖れて、カウンセリングにやって来た。わたしたちは子ども時代の恥辱、悲しみ、怒り、自滅的なプログラミングを無力化するように努力し、やがてデボラは母親との関係を表面的なもの、ティーパーティー関係にすると決意した。「子どもたちから祖母を完全に奪いたくないんです——子どもたちは母のいい面だけを見ています。ですから、たまにディナーに招き、もっぱら子どものことだけ話題にしています。ただし、わたしと母はほとんど話をしません」デボラはカウンセリングを終えてから半年後にメールを寄越した。「わたしは以前よりもずっと幸せです。過去は変えられないけど、現在に満足しています」

しかし二年後、デボラは母親からすべてを変える知らせを受けとる。母親が乳癌になったのだ。デボラはひどく動揺し、最悪のことまで考えていた。

娘がどんなにひどい扱いを受けていても、母親が苦しんでいるときに母親の世界にまた引き戻されないようにすることは非常にむずかしい。娘はショックで動揺するだろう。そして母親の要求が大きくなれば、娘は自分自身の生活に集中することが困難になるかもしれない。

しかし、娘は自分にとって必要なことを長いＴｏＤｏリストの先頭に置くべきだ。誰が自分の義務を手伝ってくれるか？　母親の新たに生じた要求に対して責任を分担してくれるのは誰か？　自分の精神的支えになってくれるのは誰か？　この問題に有能に対処できるのは自分だけだとあなたが強く信じていても、手助けは常に利用しよう。それどころか手助けを見つけることを最優先にするべきだ。

言うは易く行うは難しだが、娘が他の選択肢があると気づく前につぶれてしまうことは珍しくない。デボラは母が癌告知されたあとの日々をただ茫然として過ごし、じっくりとサポート方法を探すこともなかった。自分がすりきれるまでバタバタ動き回る方が、ずっと簡単だったのだ。母親の治療が始まって一ヶ月後には、デボラは消耗しきっていた。

もちろん母親の求めに応じられる人間はデボラだけではない。わたしは言った。「あなたは自分の人生を送る権利があるのよ。ヘルパーさんを頼むとかして、充分な時間は割くけれどすべての責任を負うことはできないと、お母さんに言わなくてはならないわ。このまま続けていくことは無理よ。あなたにとっていちばん大切なのは、自分のために助けてくれる人を探すことよ。片方には母親がいるし、もう片方にはあなた自身の仕事と家族がいる。誰かをフルタイムで世話して、なおかつ自分の人生のために必要なエネルギーとバイタリティーを残しておくことはできないわ。どうしたらあなたの重荷を軽くできるか、いっしょに考えましょう」

わたしたちは母親に答えてもらうリストを作成した。母親にはどの程度の資産があるのか？　化学療法と医師の予約に付き添うことができるのは誰か？　自宅での食事などの世話は誰ができるか？　またインターネットでいくつかの選択肢を検討し、母親の病院のサポートグループについて調べるようにデボラに指示した。それから「わたしがする必要のあること／母がする必要のあること／助けてくれる人」のリストを作らせた。こうやって調べたり整理したりすることは、渦巻いている不安を解決する手段になる。

最終的にデボラは、適正な価格で癌患者に食事とおやつを配達してくれる食事サービスを契約した。さらに母親を化学療法のために病院へ連れていってくれるボランティアサービスも見つけた。母親は食事サービスの支払いができるだけの貯金を持っていたし、ふつうの食事がとれるときは、ミールズ・オン・ホイールズ（訳注・体の不自由な老人へ食事の宅配サービスをする慈善事業）を選んだ。デボラはコミュニティカレッジの学生に相談して、母親の体力が回復するまで車の運転や買い物をしてくれる人を募った。

こういう危機に対しては簡単で永続的な解決策は存在しないが、母親の世話という重荷を一人で負うことはできないと認めたので、デボラは息をつく余裕と冷静な視点を持つことができた。

どのぐらいで充分なのか？

娘は母親に対する自分の責任がどこで始まってどこで終わるか、どのようにして判断できるのだろうか？　あなたがどの程度のことに対処できるか、あなた自身の肉体的および精神的健康を保つために何をするべきか、それらを決められるのはあなただけだ。病気にかかり、未亡人になったからといって、母親がひどい態度をとっていいということにはならない。そのせいであなたの生活がめちゃくちゃにされたり、母親の要求に応えるために大きなプレッシャーを与えられたりするのを我慢する必要はないのだ。こういうときでも、あなたは自分の権利を守らなくてはならない。

病気の母親に背を向けろと言っているのではない。母親を助ける際に、自分ができる範囲を決め、それは譲らないようにしよう。

母親が病気なら、あなたが医師と話をして、治療について決定を下すのを助けられるかもしれない。でも、日々の世話に関わるのはやめよう。

母親が未亡人になってから一ヶ月間ほど、あなたは進んで母親のために多大な時間を割くかもしれない。しかし、そのあとは母親に他の慰めや仲間を見つけるようにしてあげよう。

こうしたきわめてストレスの多い状況でも、自分にとって健全なことをしよう。最初に母親との関係を見直したときのように、自分の望みと境界は守らなくてはならない。そのうえで、そうしたいなら、あなたにできる範囲で母親にできるだけの世話と関心を提供すればいい。

新たに手に入れた権利を手放さないように

ときには、あなたの娘としての義務や役割について、自分で最善だと考えていることではなく、周囲の意見を優先するようにとプレッシャーをかけられることもあるだろう。母親が危機に陥ったときに、周囲の期待に応じることがむずかしいと感じたら、「自己防衛的にならないコミュニケーション」、「境界の設定」といったテクニックを改めて利用しよう。それによって自分自身の利益を確保できるし、自分の考えに基づいて行動するための時間と空間が得られるだろう。

それでも罪悪感を覚え胸が引き裂かれるようだったら、子ども時代に約束はめったに守られず、あなたの願いはほとんど無視されてきたことを思いだそう。ネグレクトされてきたあなたの精神は、自分自身を大切にすることに気づいたせいで、ようやく癒えかけているところなのだ。自分の望みよりも他人の望みの方が大切だと思うときは、そのことを思いだそう。あなたの幸福はそれにかかっているのだから。

結びの章　ついに、いい母親と絆を作る

これまで長くつらい旅をしてきた。そして、あなたはその旅路で、愛情のない母親に育てられたというつらい過去を捨て、自分の人生をとり戻そうとする娘たちの一人になった。あなたの中に健全なコンパスと、自分が求めているものを伝える新たな手法があれば、あなたはついに本当の自分を人生に反映させることができるだろう。

しかし、クライアントの多くがそうだが、あなたもまだ迷っているかもしれない。どうしたら失った子ども時代を埋め合わせできるのかしら？　どうしたら子どもたちを健全に育てられるかしら、わたしがそれを経験していないのに？

いい母親になりたいという願いは決してなくならないだろう。自分が手に入れられなかった愛情に対する後悔は、セラピーのあとでも顔を出すかもしれない。でも、その痛みは耐えられるもののはずだ――ぐさりではなく、ちくりと感じられる程度だ。

そして幸いにも、あなたは他の人の慈愛によって慰められ、助けてもらえる。いい母親を持てなかった女性のために、いい母親の役を見事にこなせる人々がたくさんいるはずだ――祖父母、他の親戚、友人、恋人など、あなたを尊敬し尊重してくれる人々。彼らの微笑、親切な言葉、感謝を示す行為は、あなたの栄養になるだろう。

また、すべての娘の中にはいい母親が存在している。その慈愛にあふれた泉はあなたの心にも栄養を与え、さらにあなたから大切な人々へと流れこんでいくだろう。あなたはこの暖かさとやさしさの

泉に、さまざまな形で触れることができる。周囲の母親を観察して、「いい愛情」がどう見えるかを確認してもいいだろう。誰かに愛されたときや、あなたを心から愛してくれた人々を思いだしてもいい。あなたの中にある傷ついた子どもと直接コミュニケーションをとって、過去に得られなかった愛情を与えてもいい。最後に、こうした癒しのための選択肢について見ていこう。

いい母親を観察して学ぶ

適切な愛情を与えられずに育った娘の多くは、自分が子どもを持ったら、絶対になるまいと誓っていたような母親になるのではないかと恐怖を抱いている。そして実際に子どもを持ち、ミスをすると――どの母親も必ずすることだが――自分の母親のようになる運命なのだと恐れおののく。子どものいない娘は、母親から学んだ自滅的な方法で友人や恋人とつきあってしまい、ネグレクトしたり批判したりコントロールしたり過剰に関わったりするのではないかと怖れている。

ひとつ断言しておきたい。あなたは母親とはまったくちがうのだ。あなたには自覚があり、感情移入ができる。母親はそうではなかった。彼女はそれがどんなに深い傷を与えるか考えもせずにおぞましい言葉や罰を与えた。あるいは、あなたを束縛するか無視するか虐待した。どの行動をとったにしろ、自分の欲望と衝動以上のものは目に入らず、あなたにとってどういう結果になるかはこれっぽっちも気にしなかった。しかし、あなたはそこから貴重な贈り物をもらった。すべての子どもと愛する人がどういうものを与えられるべきか、あなたは知性と感情の両面から知っているのだ。つらい方法でそれを知ったのは悲しいことだが。

あなたの人を愛する本能には問題がない。信頼できるはずだ。ただし、不安に感じるなら、他の母親と子どもの様子を観察して自信を積み上げよう。

母親にネグレクトされてきたエミリー（六章参照）は子どもがほしかったが、「母親になる遺伝子が欠けている」のではないかとためらっていた。最後に彼女に会ったあとで、エミリーは冷淡なボーイフレンドのジョシュとの関係よりも、もっと親密な関係がほしくなった。そして、彼と別れるという結論を出した。半年前に、エミリーは友人を通じてある男性と出会い、今、その関係は真剣なものになりつつあった。「結婚や子どものことも話し合っているんです」彼女は言った。

しかし、母親との関係で、自分に子どもを育てる資格があるのかと悩んでいた。

わたしは子どもを持つことを怖れる必要はないと言った。エミリーは母親としてどう行動したいか、はっきりと意識しているし、それを道しるべにできるだろう。

それを自分の目で確認するために、友人、親戚、見知らぬ人たちが子どもたちとどう交流しているかを観察するという課題を出した。「いい母親はどうふるまっているか、また短気で怒っている母親はどうふるまっているか、観察してごらんなさい」とわたしは言った。「いちばんいい母親というのは常に子どもに注意を向けているものよ。遊び場でも、ジャングルジムの上の子どもに手を振るのがいい母親で、ずっと携帯でメールを打っている母親はそうじゃない。いい母親は子どもを守ろうとはしているけど、束縛はしていない。子どもたちに何かに挑戦させようとして、ほめたり励ましたりしている様子を見てごらんなさい。それからしつけをどう利用しているかも観察して。子どもたちがいたずらしたら、特権はとりあげるでしょうけど、尊厳や価値をそこなうことはしない。簡単にいい母親と悪い母親の見分けはつくでしょう。覚えておいて。もし愛情のある行動に気づいたら、それをお手本にできるってこと」

あなたにも、こんなふうに健全で愛情あふれる関係を観察することをお勧めしたい。あらゆる関係において、それはあなたの役に立つだろう。あなたに幼い子どもがいても、大きな子どもがいても、まったく子どもがいなくても。いい母親と子どもの絆には自由と関心と尊敬が見てとれる。それは純粋な愛情の作用について学んだことを補ってくれるだろう。

親になることを考えているか、お手本になる実例や人は周囲にたくさん存在するし、母親が利用できる多くの情報源を探してみよう。お手本になる実例や人は周囲にたくさん存在するし、母親のブログで質問したり、友人の子どもと公園で遊んでいても、母親の知恵と触れあえるだろう。そして、子どもを人生に迎えたいというエネルギーがわきあがるかもしれない。あなたが母親になることを想像しているだけなら、隣人の娘の愛情深い「叔母」になることで試してみてもいいだろう。すでに母親なら、どうか他の母親から孤立しないでほしい。母親のネットワークに加わり、疑問や心配や不安を打ち明けよう。あなたは一人で戦う必要はないのだ。

あなたを心から愛してくれた人々を思い出そう

純粋な愛というものはあなたを尊重してくれる。あなたを受け止め、励ましてくれる。あなたに安心感を抱かせ、本当のあなたを認めてくれる。母親はそういう愛情を与えられなかったかもしれないが、他の人々から与えてもらうことはできる。そして、誰かに大切にされていると感じたときに、その感覚を手にして人生をさかのぼることもできる。「いい母親の課題」によって、つまり本物の愛の力を感じさせてくれるものを思い浮かべることで、その感覚を強めることもできる。

以下はその課題のやり方だ。

邪魔の入らない静かな居心地のいい場所にすわり、人生でいい母親の役をしてくれた人を思い浮かべる。おばかもしれないし、教師や祖母かもしれない——あなたにやさしく尊敬をこめて接してくれた人、あなたの気持ちが満たされているかどうかを気にかけ、あなたの気持ちを大切にしようとした人。目を閉じて、あなたが小さな女の子になり、浜辺にいるところを、光る波が浜辺にそっと打ち寄せてくるところを想像しよう。さあ、いい母親があなたの方に満面の笑みで近づいてくる。そのきらめく目は、あなたに会えてどんなにうれしいかを語っている。彼女はあなたの方に駆けてきて、両腕で抱きしめてくれる。あなたは彼女の肩に頭を預ける。あなたは安心し、愛されていると感じる。好きなだけ長くその場所とその気持ちに浸っていよう。

さて、今度はあなた自身がいい母親になる。その女の子を——あなたを——抱いているところを思い浮かべよう。そして声に出して言う。「愛しているわ、かわいい子。あなたはわたしの宝物よ。すばらしい子だわ。あなたがわたしの娘でうれしいわ。あなたがいてくれて、わたしの人生はとても豊かになった。心から愛しているわ」

それは誰もがかけてほしい母親の言葉だが、めったにそういう言葉を言われることはない。

初めてこの課題をやったとき、クライアントの多くはとても動揺してしまった。でも、悲しみが薄れるまで、家でそれを繰り返すように伝えた。必ず、悲しみは薄れていくだろう。無意識はスポンジのようなもので、あなたが送りこむすべてを吸収する。だから、いい母親の課題を送りこめば送りこむほど、あなたの頭と心の中には昔のつらいメッセージ「あなたはろくでもない子だ。何ひとつまともにできない」の存在する余地がなくなっていくだろう。

あなたの無意識は「わたしに話しかけているのはわたしでしょ」とは言わない。無意識はその経験をどんどん吸収する。こうして、あなたは改めて自分の親になり、あなたが当然与えられるべきだった慈愛を自分自身に与えていくのだ。

かつての傷ついた子どもを癒す

あなたの中に存在する傷ついた子どもに宛てて手紙を書くことで、改めて親になることを一歩先に進めることができる。この手紙はいい母親のエネルギーを出すので、あなたはそれをいつでも利用でき、かつてあなただった子どもを慰めることができる。この間接的に昔の傷に話しかける手紙は、あなたの中の女の子がずっと聞きたいと思っていた言葉でつづられている。

この手紙では、母親に言ってもらいたかったことをすべて、その子どもに言おう。あなたは安全で、愛されていて、自分がいつもそばについていると。あなたに子どもがいなくて、子どもを持つ計画がなくても、この手紙を書くことは重要だ。あなたの中の女の子の部分はいまだに慰め、認めてあげる必要があるので、あせりや絶望や恐怖を感じることなく、ありったけの愛情を注いであげよう。

以下はエミリーが書いた手紙の一部だ。かつてあなただった子どもの親になることが、子どもだったあなたにも、大人になったあなたにも、いかに慈愛を与えるかという見事な例だ。

いとしい小さなエミリー

あなたが子どものころ、ちゃんと世話をされなかったことを本当に気の毒に思います。あなたのお母さんが愛情深くなかったことは残念でたまりません。あなたが抱きしめられたことがなかったのは気の毒です。お母さんが本をいっしょに読んだり、いっしょにランチに行ったり、いっしょに映画に行ったりして、あなたと楽しまなかったことは残念です。わたしがあなたのお母さんだったら、まず毎晩お布団に入れて寝かしつけ、キスをして、どんなにあなたを愛しているか、どんなにあなたはわたしにとって特別な存在かを伝えたでしょう。いつもあなたのそばにいられればよかった。あなたが泣くときに胸を貸してあげ、あなたを暖かい胸に抱きしめて、「よしよし、あなたがとても悲しんでいて怒っているのはわかっているわ。でも大丈夫よ、ダーリン——思い切り泣きなさい」とささやいてあげられればよかったのにと思います。

あなたの中の女の子に彼女がずっと求めていた愛を与えれば与えるほど、あなたはパートナー、友人、家族、そしてもちろん子どもたちに、より大きな愛を注げるようになるだろう。このようにして、あなたはあなた自身ばかりか、あなたの周囲の世界、次の世代も変えることができる。あなたが必死に求めてきた愛に限りがあることや、愛が消えることを怖れる必要はない。愛は伝書鳩のようなものだ——手から放《はな》たれても、必ず帰ってくる。

あなたにはもうよくわかっているだろうが、本当の愛は、愛される価値がないとか自分はだめだとか、相手に感じさせることは決してない。愛は暖かい気持ちが胸に広がり、安全だと感じさせてくれるものだ。愛はあなたの人生をよりよくしてくれるものだ。

あなたはそういう絆を作ることができる。そして、母親が与えられなかった母性愛を自分自身に向けることによって、あなたはやさしさと慈愛を与えると同時に受けとる能力を開発するだろう。あなたは変わり、成長してきた。あなたは愛することができるのだ。

謝辞

長い謝辞は好みではないが、この本を完成させるために欠かせなかった非常に大切な人々に感謝を述べたいと思う。

わたしの才能ある執筆パートナー、ドナ・フレイザー。いつものように知恵と力を貸してくれた。本書は彼女といっしょに執筆する四冊目の本で、この歳月のあいだに、わたしたちの関係はますます親密になっている。

勇敢なエージェント、ジョエル・デルボーゴは前の二冊でわたしの編集者だったときから、わたしと著書を信頼してくれた。しかも、とても感情的な著者に対して、非常に冷静にふるまってくれている。

現在の編集者、ゲイル・ウィンストンは傑出した編集技術をこのプロジェクトに注ぎ、主導してくれた。心から感謝している。

個人的に、すばらしい娘ウェンディと彼女の大切な相方ジェームズ・マッケイに。二人は愛とユーモアと揺るぎないサポートで、わたしの人生を暖かく豊かにしてくれている。

そして最後に、進んで話を聞かせてくれ、母親に与えられた傷を癒すために勇敢に努力したクライアントたちに深い感謝を捧げたい。

訳者あとがき

本書『毒親の棄て方　娘のための自信回復マニュアル』の著者スーザン・フォワードはアメリカのセラピストで、一九九九年に出版された『毒になる親』（毎日新聞社刊）は、その衝撃的なタイトルと内容によって、たちまち日本でもベストセラーになった。「親を敬う」ことは当然であり、子どもにとって義務であるという考えは、国や人種を問わず、人々の頭に深く染みこんだ概念だと思う。そのため、親による肉体的精神的虐待を声高に糾弾する風潮はこれまでなく、むしろタブー視されていた面もあった。その点でスーザン・フォワードの著書は画期的で、虐待されてきた子どもに大きな勇気を与えるものだったと思う。『毒になる親　一生苦しむ子供』として二〇〇一年に文庫化（講談社＋α文庫）され、いまだに読み継がれていることが、この問題の根深さを物語っている。

本書はそういう経緯をふまえ、親子関係のうち母親と娘の関係にしぼって書かれたものだ。前書きでフォワードはこんなふうに書いている。「『毒になる親』を執筆したのち、親については言い尽くしたと思った。しかし、ますますたくさんの娘たちが母親に与えられた傷を抱えてわたしのもとを訪ねてきている。そこで、愛情のない母親のせいでいまだに苦しんでいる何百万人もの女性たちと、女同士で語り合いたくなった」

しかも、フォワード自身が母親から不安を与えられていた娘だったという。その問題はすでに解決したとはいえ、母親が亡くなるまでは「愛することのできない母親」についての本を書けなかったそうだ。
つまり、本書はスーザン・フォワードが自身の子ども時代や母との長年の関係を振り返りつつ執筆した、いわば人生の総決算となる本なのだと思う。本書には虐げられ苦しんでいる娘たちがたくさん登場し、母との関係を赤裸々に語るが、彼女たちに対するフォワードの言葉には強い共感がこもっているのが読みとれるだろう。フォワード自身の経験もフラッシュバックしていたのではないだろうか。ときには毒になる母親に対して怒りをあらわにしながら、彼女は常に娘の味方となり、暖かい言葉をかけて励ましている。その力強い言葉によって少しずつ再生していく娘たちの姿は感動的だ。

実は訳者も母との関係がうまくいかない娘の一人である。前半の娘たちの言葉を読み進めるうちに、あまりにも思い当たることが多くて胸がしめつけられ、ときには涙した。しかし、フォワードが語りかけてくる言葉は大きな救いに感じられた。もしあなたが母親との関係になんらかの問題を抱えているなら、おそらく登場する娘の話に深く共感すると同時に、いたたまれないような激しい感情がわきあがるかもしれない。それは愛情のない母親を持った娘にとって、当然の反応だ。しかし、フォワードはそのあとにちゃんと癒しと再生を用意してくれているので安心してほしい。

本書では愛情のない毒になる母親を五つの型に分類している。「きわめて自己愛の強い母親」「過剰に関わってくる母親」「コントロールばかりする母親」「世話を必要とする母親」「ネグレクト、裏切り、虐待をする母親」。もちろん、複数の型にあてはまる母親もいるだろう。五つの章に描きだされたそれぞれの母親の言動を読むうちに、あなたには自分と母親の関係がはっきりと見えてくるにちがいない。もしかしたら、それによって過去の記憶が甦って苦しむこともあるかもしれないが、フォワードはあえて現実をはっきりと把握することを勧めている。「毒になる母親の行動と、それがあなたに与えてきた影響について、つぶさに曇りのない目で眺めてみよう」と。曇りのない明晰な理解がなければ、癒しと再生の道に足を踏みだせないからだ。

そして第二部では、いよいよ癒しと再生のための具体的なテクニックを授けてくれる。そのテクニックによって「これまで登場した女性たちからとまどいや苦しみや怒りをとり除き、母親に対して感じている苦痛は彼女たちのせいではないことを気づかせることができた」と著者は語っている。あなたにもそのチャンスがあるわけで、ぜひとも実践してみていただきたいと思う。わたしも実践してみたが、非常に効果的であるばかりか、母親に対する重苦しい思いが少し晴れた気がしている。

さらにフォワードは、今後の母親との関係をどうしていくかについて、いくつかのパターンをあげている。「新しいスキルを利用する」「交渉する」「ティーパーティー関係」「接触を断つ」いずれを選ぶかはケースバイケースだが、とりわけむずかしい「母親との接触を一切断つ」つまり絶交する場合も、フォワードは勇気を持つように、自分の人生を大切にするようにと、娘を励ましている。母親との絶交のせいで、しばらくは罪悪感に悩まされるかもしれないし、周囲から非難されるかもしれないが、人生で新たに手に入れた権利を決して手放さないようにしようというのが、フォワードの主張だ。

本書『毒親の棄て方　娘のための自信回復マニュアル』は『毒になる親』に比べ、より「愛せない」ことによる「毒」に焦点が当てられている。これは女同士である母娘関係では、なによりも大きな課題だと思う。そしてフォワードは最後に、あなたが「愛せる」人になるための方法を紹介している。本書のしめくくりの言葉は感動的だ。「本当の愛は、愛される価値がないとか自分はだめだとか、相手に感じさせることは決してない。愛は暖かい気持ちが胸に広がり、安全だと感じさせてくれるものだ。愛はあなたの人生をよりよくしてくれるものだ」

ところで、本書の献辞は「わたしの宝物である娘、ウェンディへ」という、娘への愛情あふれる言葉だとお気づきになっただろうか。母親との問題を抱えていたと告白しているフォワードは、母親に愛され、宝物だと思われているという実感がおそらくなかったのだろう。だからこそ、本書のような手順を踏んで、娘を深く愛する人間になれたにちがいない。勝手な想像かもしれないが、その短い献辞に、娘を持つ母親の一人であるわたしは胸が熱くなった。

もしもあなたが母親の深い愛情と無縁だったと感じているなら、ぜひとも本書を手にとってみていただきたい。自分の人生を振り返りながら、著者の導きに従って本書を読み進めるにつれ、しだいに悩みは軽くなっていき、精神に力がみなぎり、やがて癒しと英知を得られることだろう。そして、いつか愛を与えられる人間に生まれ変わることができるはずだ。この本で学べば、あなたも「愛情」というすばらしいものを手に入れることができると信じている。

羽田詩津子

スーザン・フォワード　Susan Forward
南カリフォルニアを中心に医療関係のコンサルタント、グループ・セラピスト、インストラクターをつとめながら、テレビやラジオで活躍。ABCトークラジオ局で電話をかけてきたリスナーに応える番組を担当。著書に『毒になる親　一生苦しむ子供』（講談社＋α文庫）、『ブラックメール　他人に心をあやつられない方法』（日本放送出版協会）、『男の嘘』（TBSブリタニカ）など。

【訳者】羽田詩津子　はた・しずこ
英米文学翻訳家。お茶の水女子大学英文学科卒。小説、ミステリー、ノンフィクションなど幅広いジャンルで活躍。主な訳書にミレイユ・ジュリアーノ『フランス女性は太らない』（日経ビジネス人文庫）、アガサ・クリスティ『アクロイド殺し』（ハヤカワ文庫）、ジョン・ブラッドショー『猫的感覚』（早川書房）、P・D・ジェイムズ『高慢と偏見、そして殺人』（ハヤカワ・ポケット・ミステリ）、フィル・ホーガン『見張る男』（角川文庫）など。

毒親《どくおや》の棄《す》て方《かた》　娘《むすめ》のための自信回復《じしんかいふく》マニュアル

発　行	2015年10月30日
4　刷	2021年 7 月10日
著　者	スーザン・フォワード
訳　者	羽田詩津子《はたしずこ》
発行者	佐藤隆信
発行所	株式会社新潮社 〒162-8711　東京都新宿区矢来町71 電話　編集部 03-3266-5611 　　　読者係 03-3266-5111 http://www.shinchosha.co.jp
印刷所	錦明印刷株式会社
製本所	株式会社大進堂

ISBN978-4-10-506961-2 C0098